# Le kit Origami

Didier Boursin

# Le kit origami

Dessain et Tolra

Remerciements
Je tiens à remercier tous ceux qui de près ou de loin m'ont aidé à mettre en valeur les pliages de ce livre.
Merci au créateur Takeshi Inoué pour le modèle Survol qu'il a bien voulu me confier.
Merci au photographe Olivier Ploton.
Merci à Setsuko et, dans ses bras, Simon, pour la photo en noir et blanc du modèle Cadre photo.
Je remercie également toute l'équipe éditoriale.

Vous pouvez communiquer vos expériences personnelles et vos remarques à :
www.origami-creation.com

Direction et coordination éditoriale : Colette Hanicotte
avec la collaboration de Johana Sellem
Conception graphique et mise en pages : Either
Couverture : Véronique Laporte
Photographie des pliages : Olivier Ploton
Fabrication : Anne Raynaud

Crédits photographiques :
p.20, p.121, p.124 © iemily - Fotolia.com ; p.22, p.125, p.128 © zampa- Fotolia.com ; p.24, p.129, p.132 © Darren Hester - Fotolia.com ; p.26, p.133, p.136 © Michael Kempf - Fotolia.com ; p.28, p.137, p.140 © Traffic - Fotolia.com ; p.31, p.141, p.144 © Ibizarre - Fotolia.com ; p.34, p.145, p.148 © Kristalles - Fotolia.com ; p.36, p.110, p.149, p.152, p.309, p.312 © Baloncici - Fotolia.com ; p.39, p.153, p.156 © puentes - Fotolia.com ; p.42, p.157, p.160 © Nobilior - Fotolia.com ; p.44, p.161, p.164, p.165, p.168 © Freesurf - Fotolia.com ; p.47, p.169, p.172 © Laure-Hélène Maillet - Fotolia.com ; p.50, p.173, p.176 © Serg Zastavkin - Fotolia.com ; p.53, p.177, p.180, p.181 © Sunnydays - Fotolia.com ; p.56 p.184, p.185, p.188 © owen - Fotolia.com ; p.62 p.189, p.192 © Galina Barskaya - Fotolia.com ; p.64 p.193, p.196 © adisa - Fotolia.com ; p.66, p.197, p.200 © Nikolai Sorokin - Fotolia.com ; p.68, p.201, p.204 © Andrii Pokaz - Fotolia.com ; p.70, p.205, p.208 © Yuriy Chertok - Fotolia.com ; p.72, p.209, p.212 © FotoLyriX - Fotolia.com ; p.74, p.213, p.216 © Mickael Berteloot - Fotolia.com ; p.76, p.120, p.217, p.220 © cphoto - Fotolia.com ; p.78, p.221, p.224 © Marek - Fotolia.com ; p.80, p.120, p.225, p.228 © cyrano - Fotolia.com ; p.82, p.229, p.232© Irochka - Fotolia.com ; p.84, p.233, p.236, p.237, p.240, p.241, p.244, p.245, p.248, p.249, p.252, p.253, p.256, p.257, p.260, p.261, p.264 © Andrii Pokaz - Fotolia.com ; p.86, p.265, p.268, p.269, p.272 © clearviewstock - Fotolia.com ; p.88, p.120, p.273, p.276 © Jennifer Stone - Fotolia.com ; p.90, p. 277, p.280, p.281, p. 284© Adroach - Fotolia.com ; p.94, p.285, p.288 © Anette Linnea Rasmussen - Fotolia.com ; p.96, p.289, p.292 © zigrit - Fotolia.com ; p.98, p.293, p.296 © thier - Fotolia.com ; p.101, p.297, p.300 © Jimmy Lu - Fotolia.com ; p.104, p.106, p.120, p.301, p.304, p.305, p.308 © Piotr Skubisz - Fotolia.com ; p.112, p.313, p.316 © c - Fotolia.com ; p.114, p. 317, p.320 © thegarden - Fotolia.com ; p.117, p.321, p.324 © Adrian Hillman - Fotolia.com ; p.325 © Thor Jorgen Udvang - Fotolia.com ; p.328 © Viktoriia Kulish - Fotolia.com ; p. 329 © yxowert - Fotolia.com ; p.332 © Victoria Greenlees ; p.333 © mashe - Fotolia.com ; p.336 © Offscreen - Fotolia.com ; p.337 © Nikola Spasenoski - Fotolia.com ; p.340 © Liz Van Steenburgh - Fotolia.com ; p.341 © Annabelbee - Fotolia.com ; p.344 © PaulPaladin - Fotolia.com


Dépôt légal : septembre 2009
ISBN : 978-2-295-00225-9



Photogravure : IGS-CP, L'Isle d'Espagnac
Imprimé en Roumanie par G. Canale & C. - Roumanie
303320/05 - 11016408 - février 2012

# Avant-propos

Le pliage de papier est probablement né en Chine au début de notre ère avec l'invention du papier. C'est au Japon qu'il s'est développé plusieurs siècles plus tard et est devenu un art de cérémonie dans la tradition shinto sous forme de boîtes d'offrandes et de pliages en zigzag pour les divinités. Le pliage devient ensuite un art subtil de l'emballage réalisé dans des papiers blancs, pour conserver des épices, des médicaments, pour envelopper des petits objets de la vie quotidienne tels que peigne, éventail, baguettes. Le papier, fabriqué à grande échelle, devient un produit plus accessible et un passe-temps connu sous le nom d'Origami. Aujourd'hui, partout dans le monde, des enfants et des adultes pratiquent le pliage de papier car des créateurs contemporains ont su transmettre cette tradition et l'enrichir avec leurs créations. Dans ce livre, Didier Boursin vous propose une quarantaine de créations : des avions aux performances étonnantes, des animaux très décoratifs, des boîtes à utiliser en toute occasion. Ces nombreux pliages réservent beaucoup de surprise grâce aux superbes papiers colorés choisis avec soin pour procurer les meilleurs effets.

## Sommaire

## Z'ailés ou à plumes

# Plis et symboles

## > Conseils

Avant de commencer, arrêtez-vous un moment aux pages des « Plis et symboles » et des « Bases préliminaires » où sont expliqués les plis essentiels : le pli « vallée », en creux, et le pli « montagne », en arête, ainsi que d'autres mouvements et combinaisons de plis qui seront utiles par la suite.

Chaque pli et son mouvement sont représentés sur un schéma par une flèche et des points à joindre deux à deux. Pour éviter toute erreur, faites bien la différence entre « plier le papier » et « marquer le pli ». Dans le premier cas, vous conservez le pli, dans le second, vous le pliez comme l'indique la double flèche. Reportez-vous si besoin au schéma suivant qui permet aussi de comprendre l'étape précédente.

Exercez-vous dans un premier temps à plier dans un format carré des modèles simples, dans des papiers ordinaires. Les meilleurs papiers sont ceux qui n'excèdent pas 90 g, comme le pop'set ou le kraft. Ensuite, lancez-vous et pliez animaux, objets et avions dans les papiers recommandés proposés en fin d'ouvrage ou dans tout autre papier de votre choix. Vous verrez que le hasard des plis rend à chaque fois un objet différent.

Nous avons attribué des losanges plus ou moins remplis selon le niveau de difficulté du pliage. Dans un premier temps, pliez des modèles simples, d'une part pour assimiler le langage de base et d'autre part pour acquérir légèreté des gestes et précision des mouvements. Certains ne parviendront pas dès la première fois à réaliser le pliage. Ne vous découragez pas pour autant, le deuxième essai est souvent meilleur que le premier. Pour chaque origami, vous avez deux chances de réussir votre pliage, ou bien suffisamment de papier pour réaliser deux exemplaires.

Trés facile

Facile

Minutieux

Plier devant

Plier derrière

Pousser, enfoncer

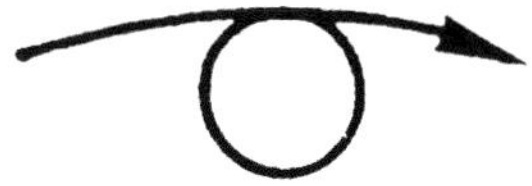

Retourner le modèle

Ouvrir, déplier

Suivre la flèche

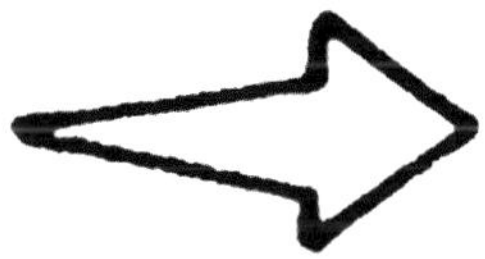

Vue agrandie

Tenir ce point

Insérer, glisser
à l'intérieur

Répéter l'opération
autant de fois qu'il y
a de barre

Souffler, gonfler

Tirer et pousser

# Plis et symboles

## > Plis principaux

### > Pli « vallée »

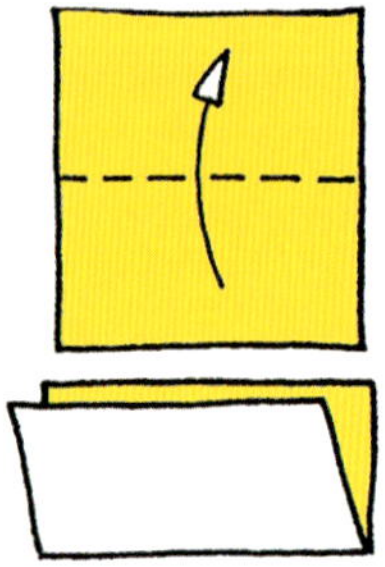

### > Pli « montagne »

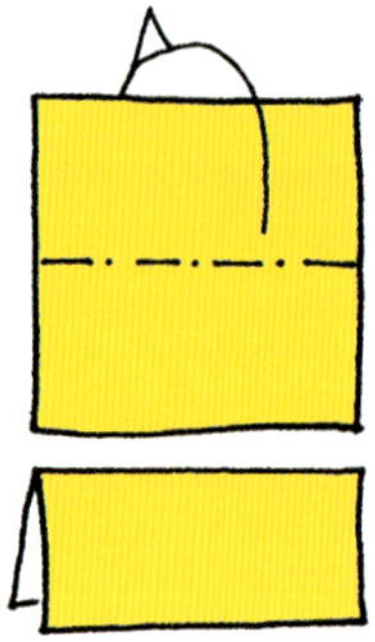

### > Marquer le pli

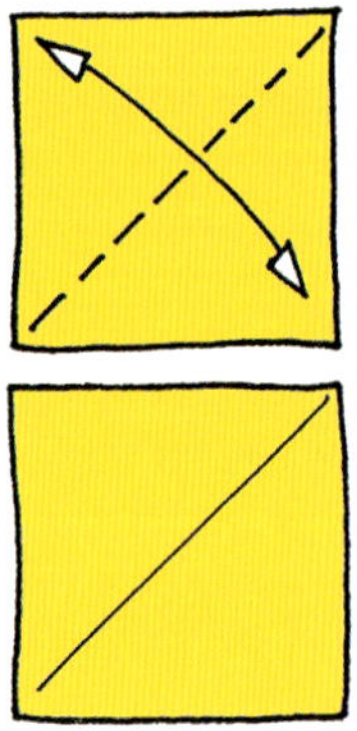

### > Repli

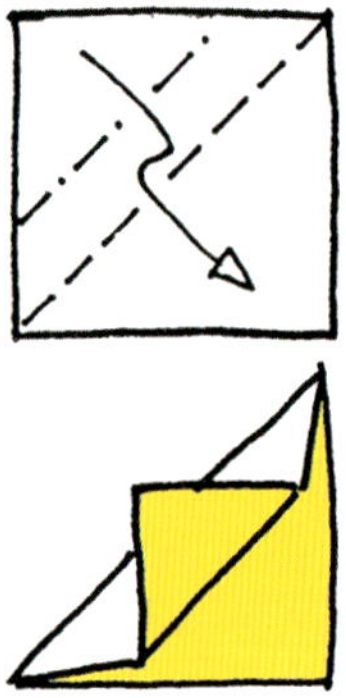

### > Joindre les points

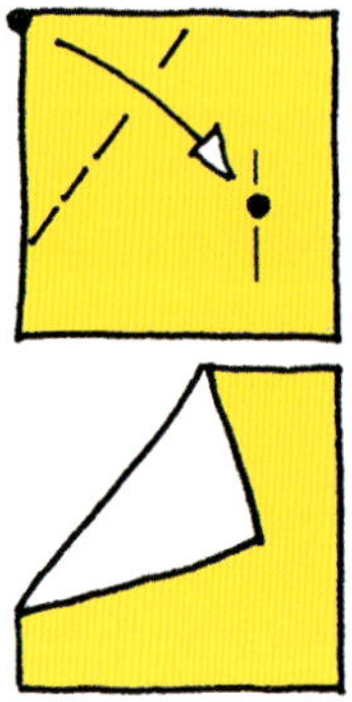

### > Couper

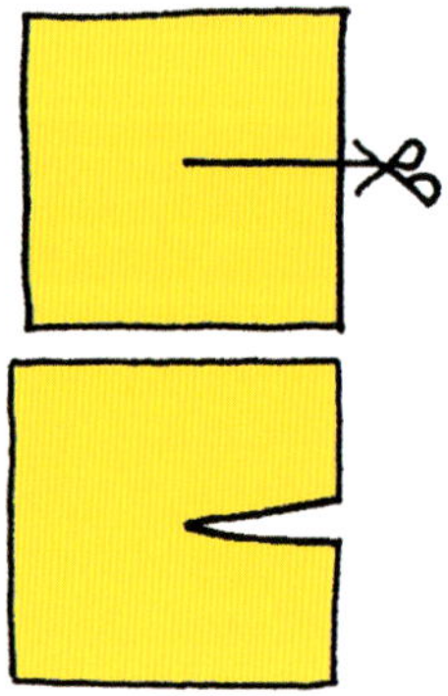

> **Pli inversé intérieur**

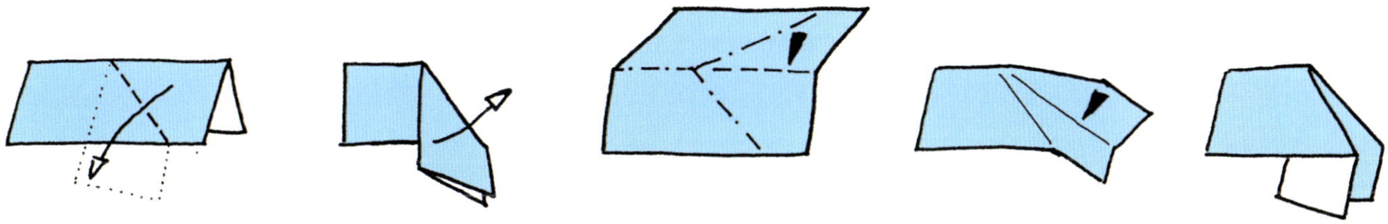

> **Pli inversé extérieur**

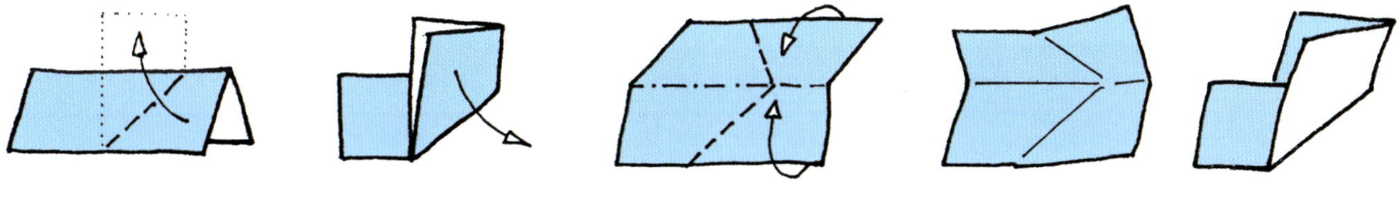

# Bases en schémas et détails

## > Base préliminaire

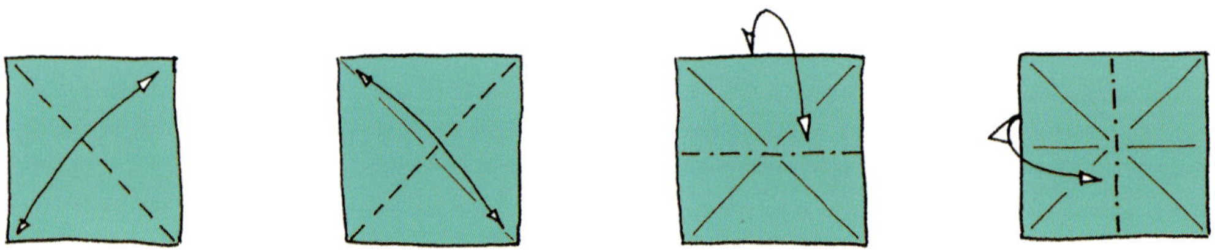

Par pression du doigt au centre en a ou b, on obtient l'autre base.

## > Base de la bombe à eau

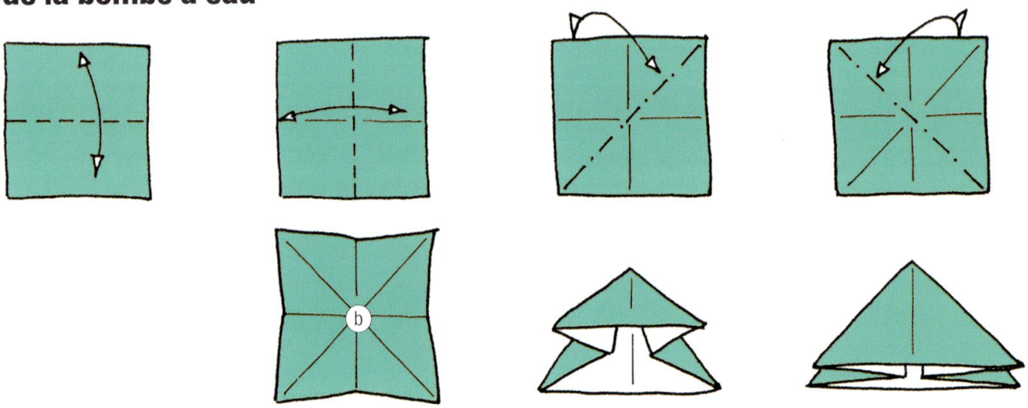

## > Ventre cheval

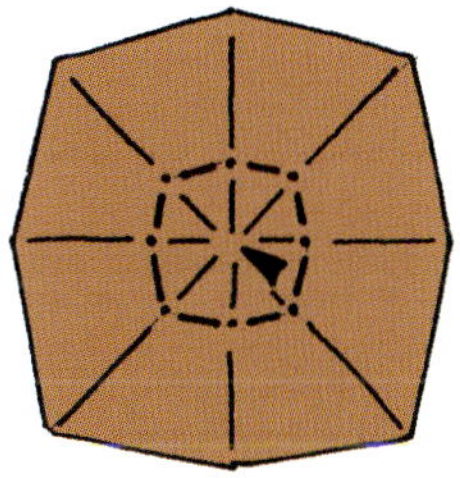

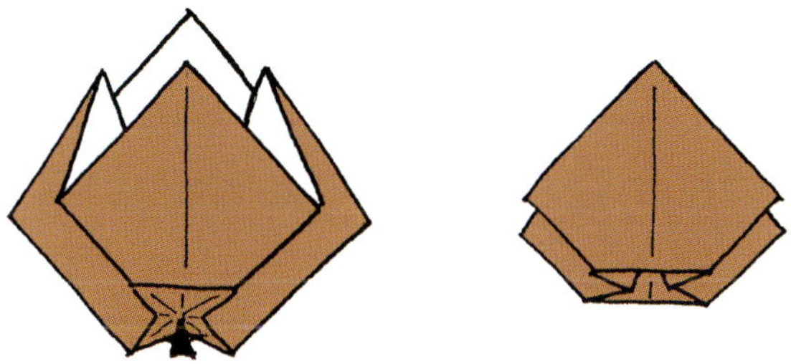

**1.** pour réaliser le pliage, plier toutes les épaisseurs devant et derrière, puis déplier complètement

**2.** marquer le carré central en pli montagne puis appuyer au centre pour creuser le carré

**3.** au centre du carré, les diagonales sont en pli vallée et les médianes en pli montagne. Mettre à plat comme au début

# Bases en schémas et détails

## > Base de l'oiseau

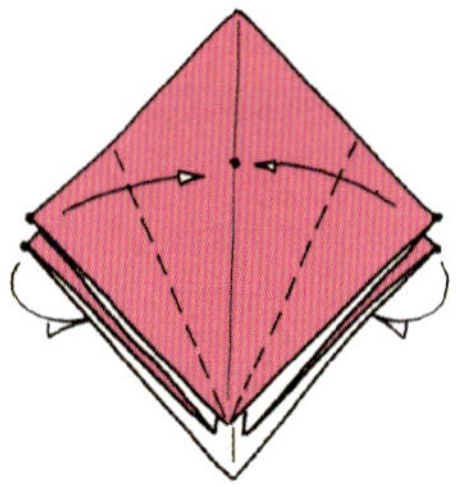

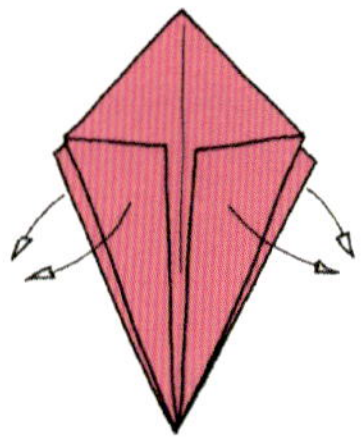

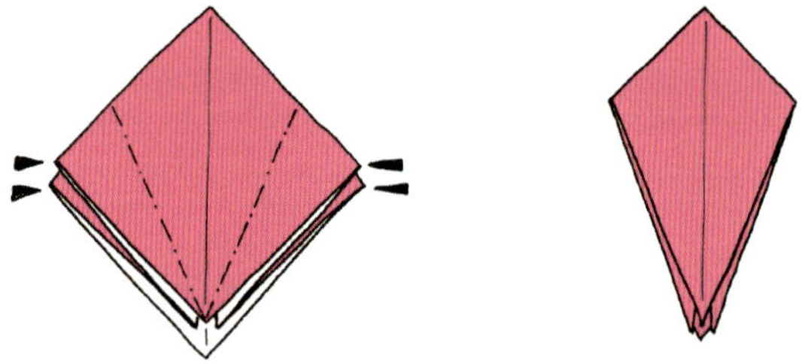

**1.** Plier les côtés inférieurs sur le pli central sur les deux faces à partir d'une base préliminaire

**2.** Déplier

**3.** Rentrer les côtés par des plis inversés intérieurs

## > Pattes de l'oiseau

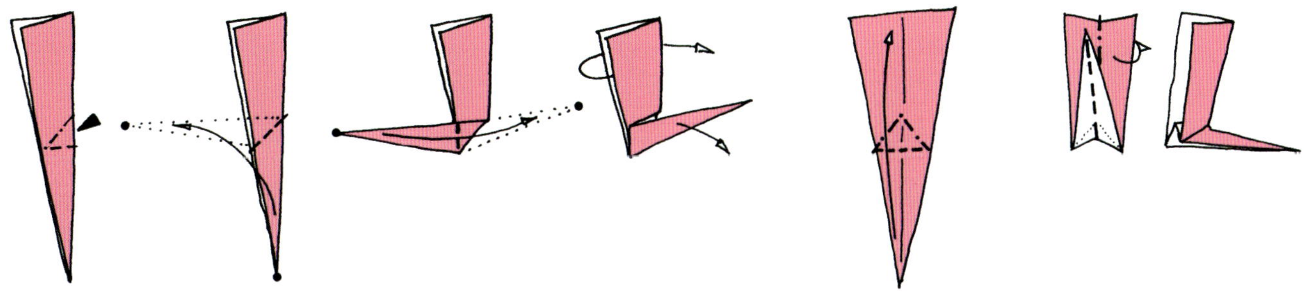

**1.** Le pliage est réalisé en deux temps

**2.** Remonter la pointe à l'horizontale

**3.** Replier vers la droite

**4.** Déplier complètement

**5.** Marquer les deux côtés supérieurs du triangle en pli montagne puis remonter la pointe selon le pli vallée du dernier côté du triangle

**6.** Plier en deux en plaçant les côtés du triangle en pli montagne

## > Bec de l'oiseau

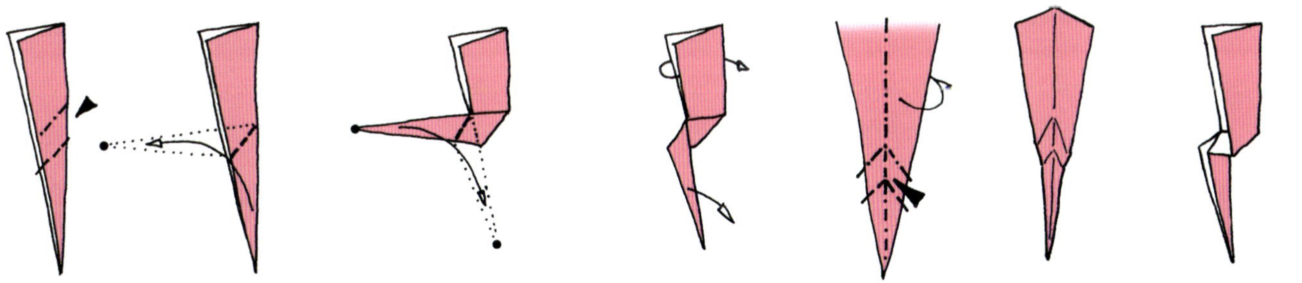

**1.** Pour réaliser ce pliage

**2.** Remonter la pointe à l'horizontale

**3.** Rabattre la pointe vers le bas. Pour réaliser un bec, plier la pointe plus vers la droite en restant parallèle

**4.** Déplier complètement

**5.** Marquer les plis en montagne et en vallée comme indiqué puis plier en deux selon le pli vertical

**6.** Plier à plat

# Bases en schémas et détails

## > Base du poisson

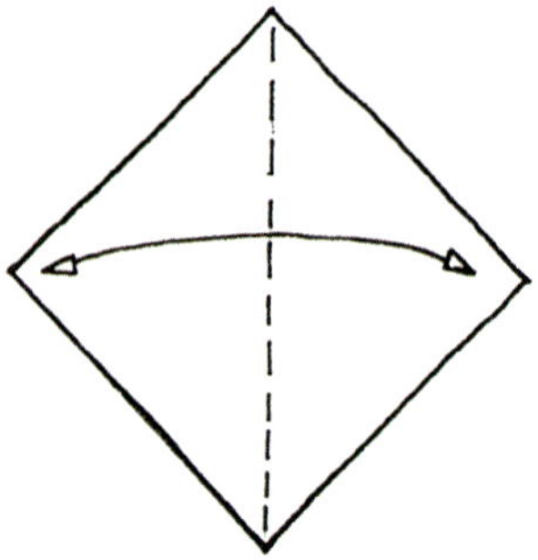

**1.** Marquer le pli vertical

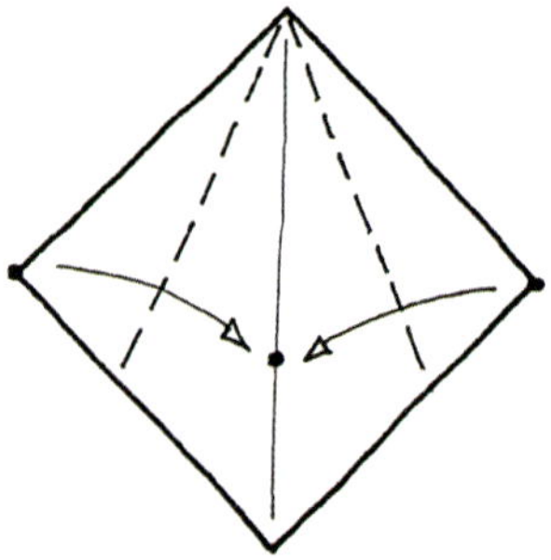

**2.** Plier les côtés supérieurs sur le pli central

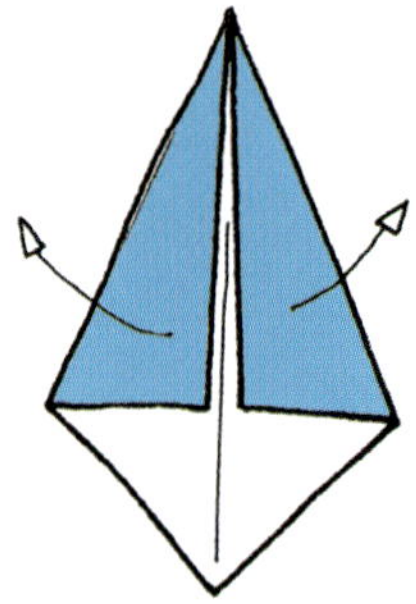

**3.** Déplier

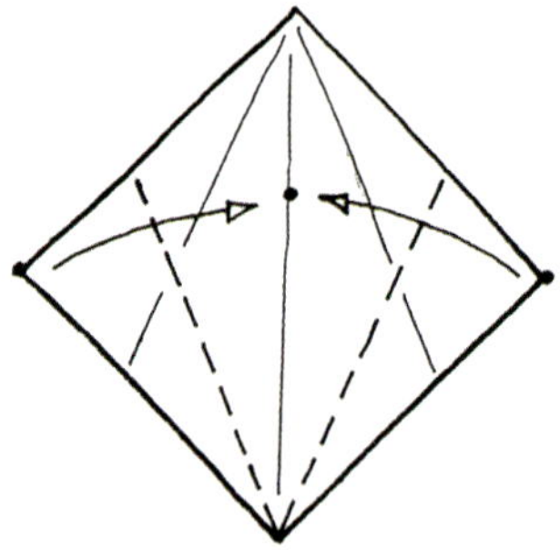

**4.** Plier les côtés inférieurs de la même façon

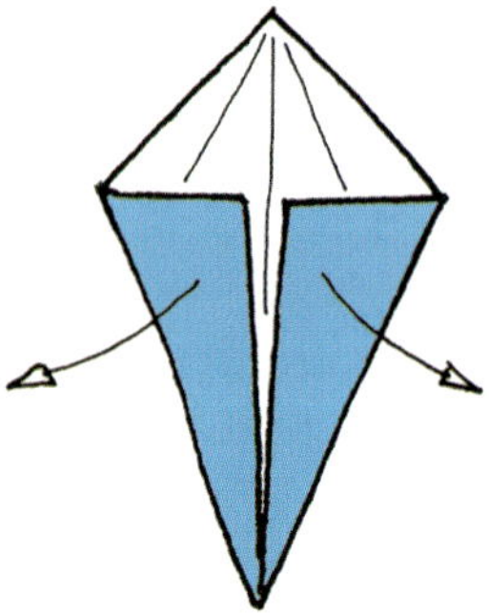

**5.** Déplier

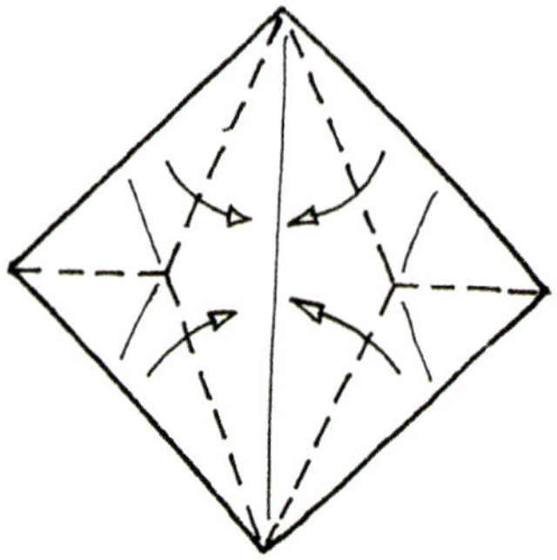

**6.** Replier les côtés simultanément en pinçant les pointes latérales

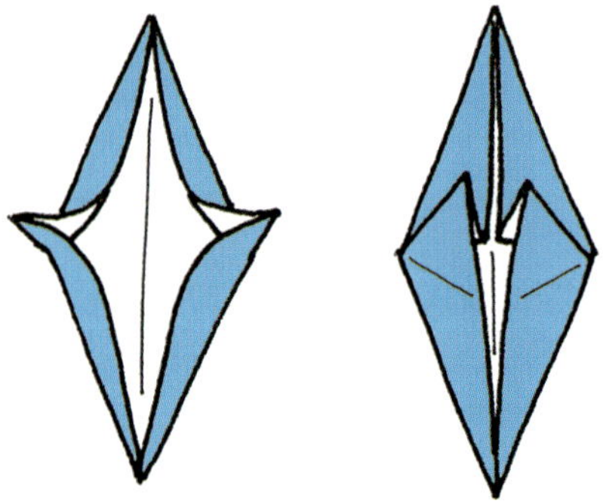

**7.** Mettre à plat en plaçant les pointes vers le haut

## > Base de la grenouille

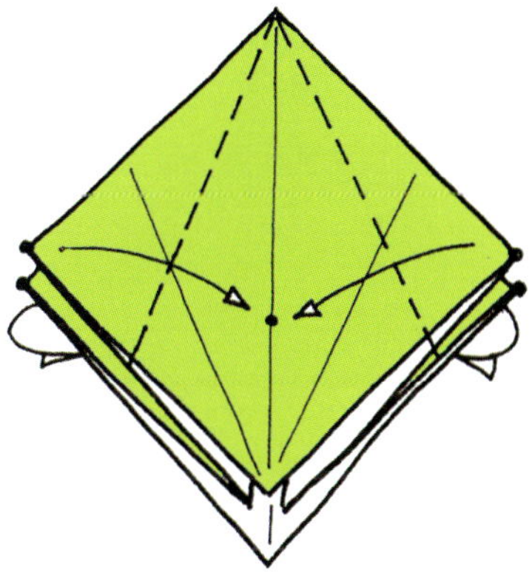

**1.** Plier les côtés supérieurs sur les deux faces d'une base préliminaire

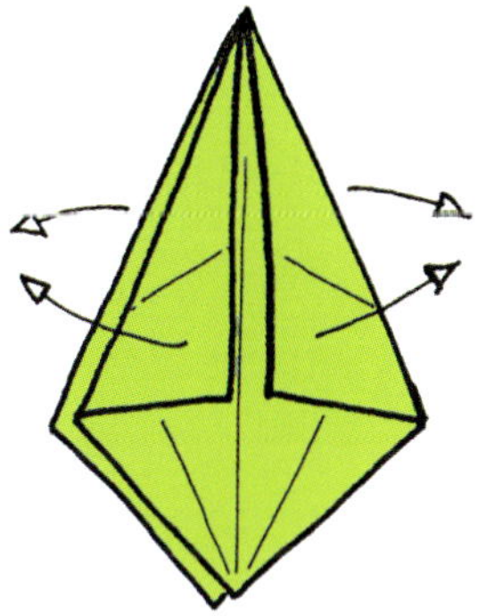

**2.** Déplier

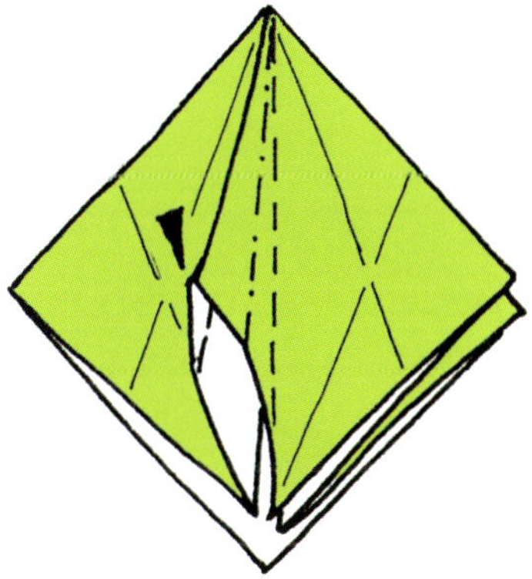

**3.** Remonter un volet à la verticale puis l'ouvrir en l'aplatissant

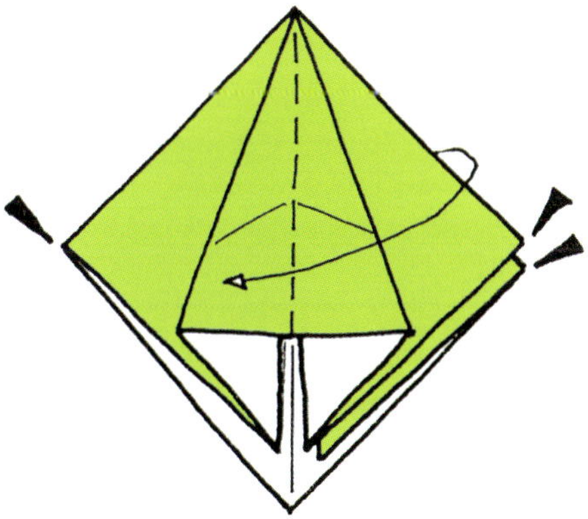

**4.** Répéter le même pliage sur les trois autres volets

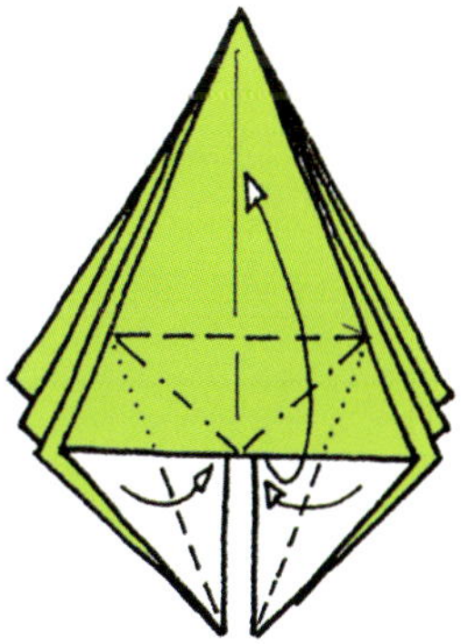

**5.** Remonter un feuillet en pliant les pointes en deux

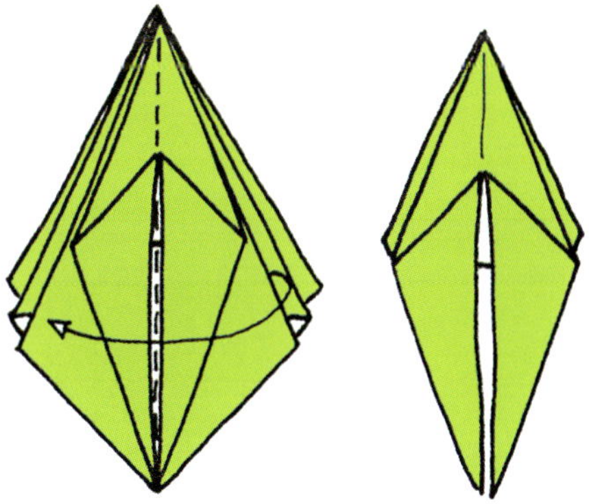

**6.** Tourner un volet et répéter ce pliage sur les trois autres faces

# Sur terre ou sous mer

# La tortue marine

Plus à l'aise sur terre que sur mer, on l'admire pour la beauté de sa carapace, ici présentée avec le graphisme des crayons de couleurs.

Papier recommandé : voir p. 121 et 124

1 **Rabattre** les côtés au centre en joignant les points

2 **Comme** ceci puis retourner

3 **Plier** les côtés en dégageant le papier du dessous

4 **Plier** en deux le carré

5 **Remonter** un tiers en joignant les points (**1**) puis, à partir du milieu de la base, plier le long de l'axe vertical (**2**)

6 **Pour former** les pattes avant, joindre les points (**1**) en réduisant la tête. Puis plier vers le bas pour sortir les pattes arrière (**2**)

7 **Mettre** en volume la carapace par un repli puis retourner

8 **Effectuer** un repli au niveau de la queue qui maintienne le pli dorsal (**1**) puis modeler les pattes et la tête. Pour arrondir la carapace, rabattre les angles des côtés

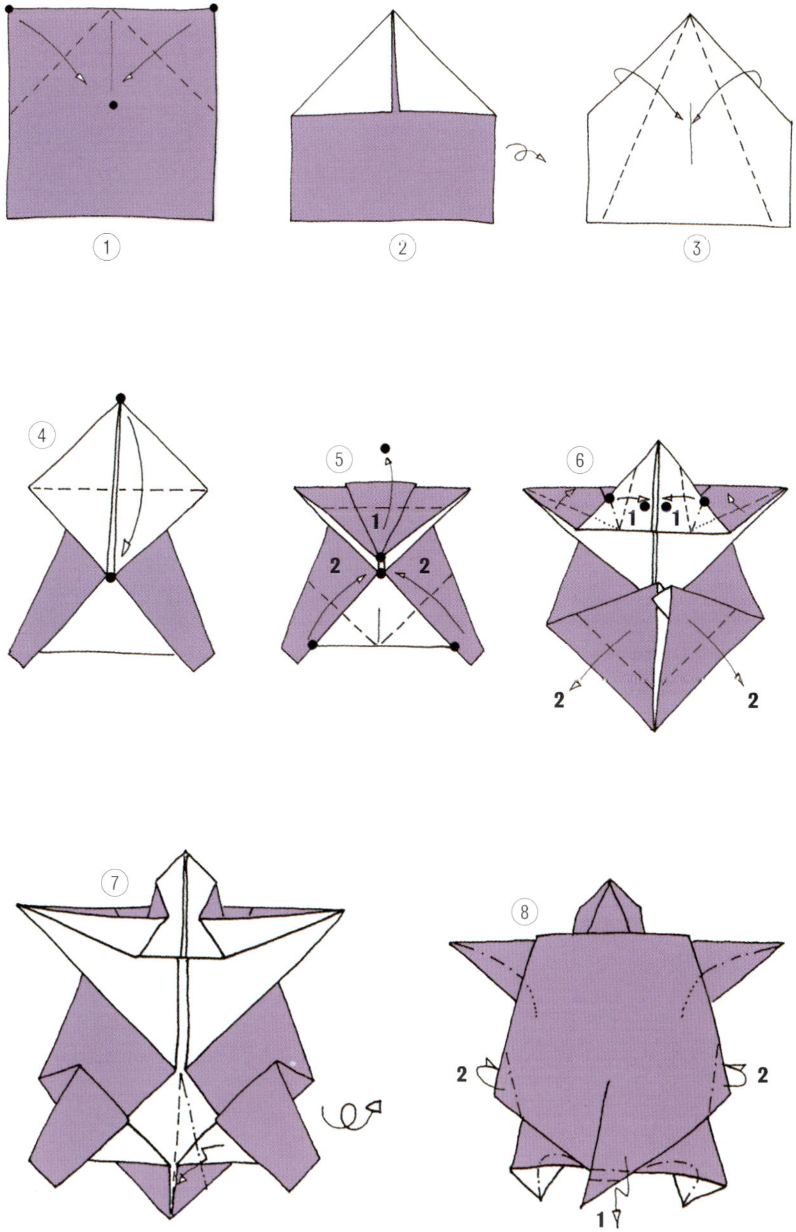

# Le phoque

Grâce à ses moustaches, le phoque possède un sens inné de l'équilibre. Comme ce papier l'évoque, il vit dans les mers froides des fonds marins.

Papier recommandé :
voir p. 125 et 128

**1** **Partir** de la base de la bombe à eau (voir p. 12). Placer un triangle supplémentaire à droite

**2** **Remonter** un triangle vers le haut le long du bord gauche

**3** **Puis aplatir** la deuxième épaisseur le long du bord de droite

**4** **Comme** ceci, puis retourner

**5** **Répéter** le même pliage que précédemment en joignant les points

**6** **Rabattre** les pointes en joignant les points puis couper la pointe en deux sur 2 cm

**7** **Remonter** un des triangles entre les deux épaisseurs (**1**). Puis rabattre la pointe supérieure pour la tête (**2**)

**7a** **Détail de la queue**

**Détails de la tête**

**7b** **Déplier** l'angle complètement

**7c** **Rabattre** la pointe pour créer le nez (**1**). Couper les côtés pour faire apparaître les moustaches (**2**) puis replier la tête dans les plis comme indiqué

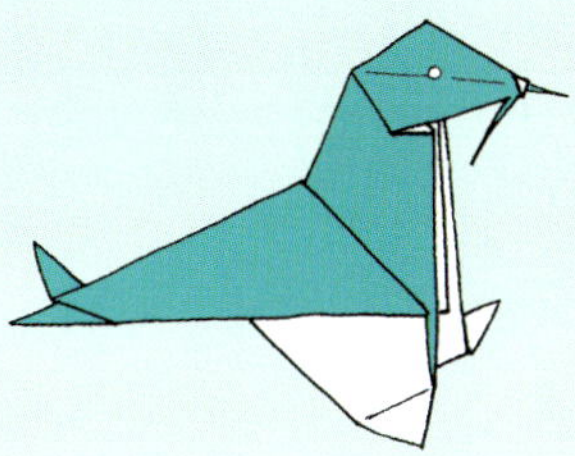

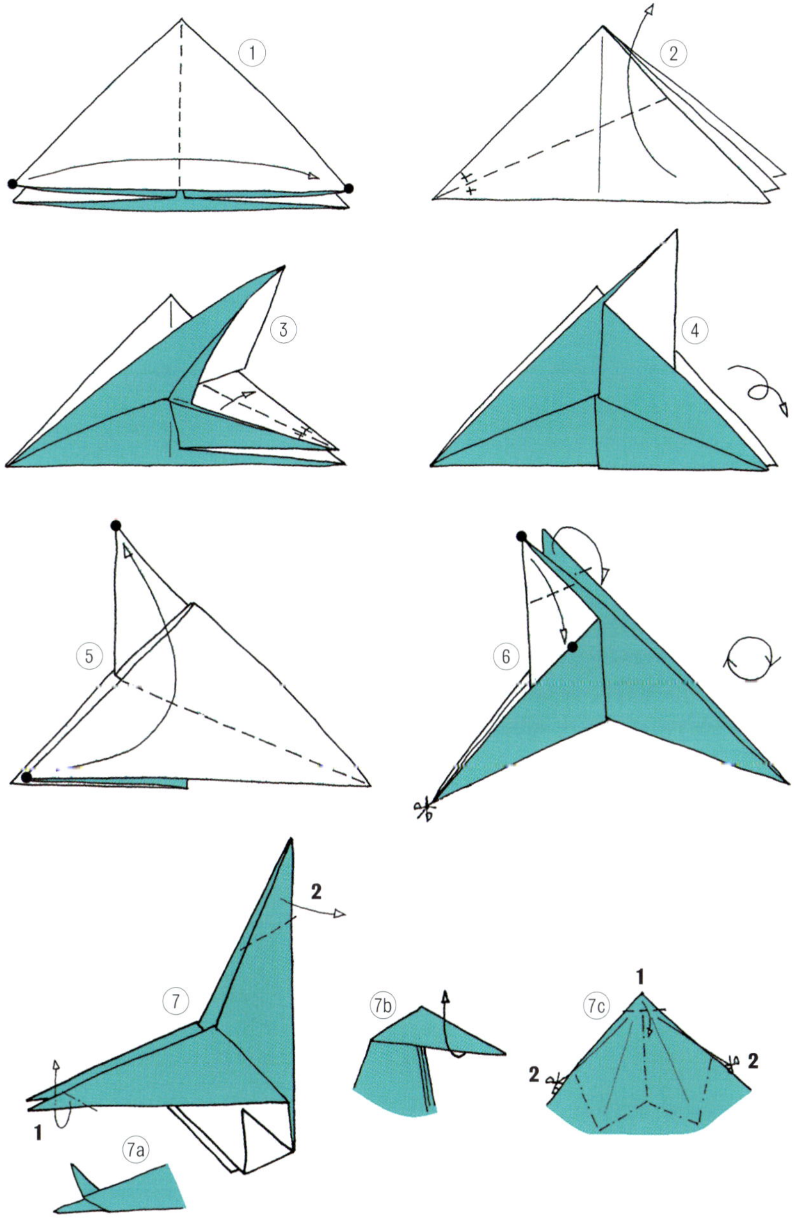

# La grenouille

Cette petite rainette réalisée dans un papier « éponge » est prête à croasser pour annoncer la pluie et le beau temps.

Papier recommandé :
voir p. 129 et 132

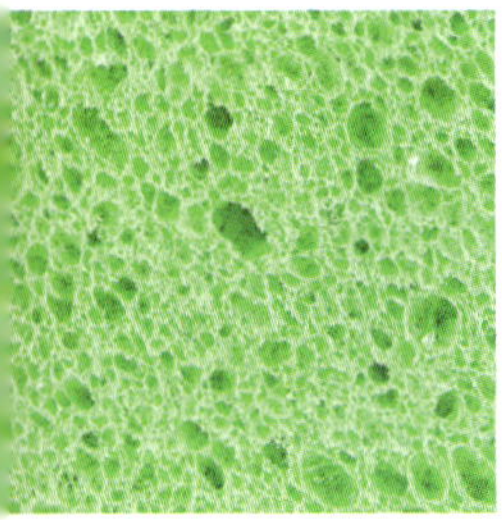

1 **Après avoir réalisé** la base de la grenouille (voir p. 17), tourner un feuillet sur les deux faces

2 **Replier** les côtés sur les deux faces

3 **Tourner** un feuillet sur les deux faces, pour retrouver une face comme en 2, et replier les côtés comme à l'étape 2 sur les deux faces

4 **Tourner** un feuillet sur chaque face

5 **Pour réaliser** les pattes avant, remonter les pointes de la face supérieure en pli inversé

6 **Pour réaliser** les pattes arrière, faire un pli inversé intérieur (voir p. 11) comme à gauche

7 **Réaliser** des plis inversés pour les pattes avant et arrière comme sur le côté gauche

8 **Rabattre** les pointes en pli inversé pour les quatre pattes puis retourner

9 **Gonfler** la grenouille par l'arrière. Ajouter des perles pour les yeux entre les épaisseurs et basculer derrière la pointe avant. Découper les pointes des pattes en deux.

**Détail des pattes**

9a **Puis ouvrir** les pointes des pattes pour les redécouper en deux afin d'obtenir cinq doigts

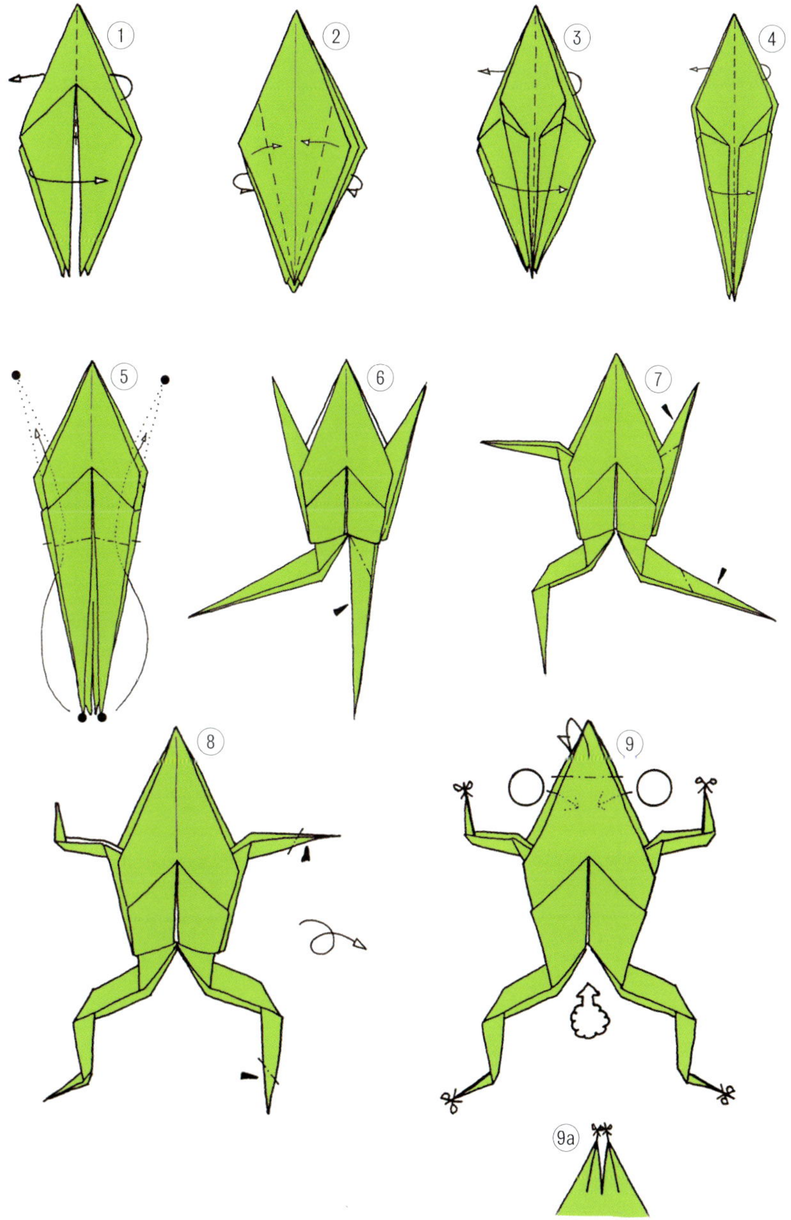

# La panthère

Cette panthère rose n'est pas sans nous rappeler la célèbre star hollywoodienne de dessin animé qui se promène avec élégance dans sa longue silhouette.

Papier recommandé :
voir p. 133 et 136

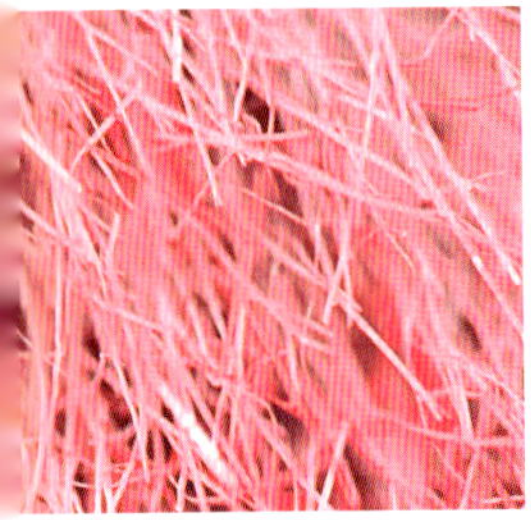

1 **Réaliser** la base du poisson. Ouvrir vers l'extérieur

2 **Effectuer** un repli

3 **Réduire** la largeur de la pointe en rabattant les côtés sur le pli central et en repliant tout à plat

4 **Basculer** la pointe derrière

5 **Ouvrir** les côtés pour rentrer la base à l'intérieur en faisant un pli inversé

5 a-b **Pour les pattes**, ouvrir les pointes des côtés, replier la pointe sur elle-même vers l'extérieur. Replier la pointe en deux

6 **Marquer** le pli supérieur. Sur les côtés, la première épaisseur est pliée à l'intérieur

6a **Les autres épaisseurs** sont pliées à l'intérieur

6 b-c **Ouvrir** la pointe supérieure, replier le triangle derrière puis replacer les côtés dans ses plis

7 **Pour faire la tête**, repliez-la sur le côté. Pour les oreilles, découper en arrondi toutes les épaisseurs. Rentrer la base de la queue (pli inversé), replier l'extrémité.

8 **Pour les moustaches,** découper deux pointes de chaque côté. Rabattre la truffe. Pour les babines, couper à la base. Mettre à plat les oreilles

8a **Remonter** les oreilles et basculer le bord externe derrière

9 **Pour créer** les yeux, effectuer un repli. Replier les coins pour le bloquer

10 **Effectuer** un repli pour le museau et modeler les arcades sourcilières avec les pouces

# Le poisson

Ce papier donne l'illusion que ces poissons flottent entre deux eaux et ondulent au gré du courant, dans les vagues chaudes des océans.

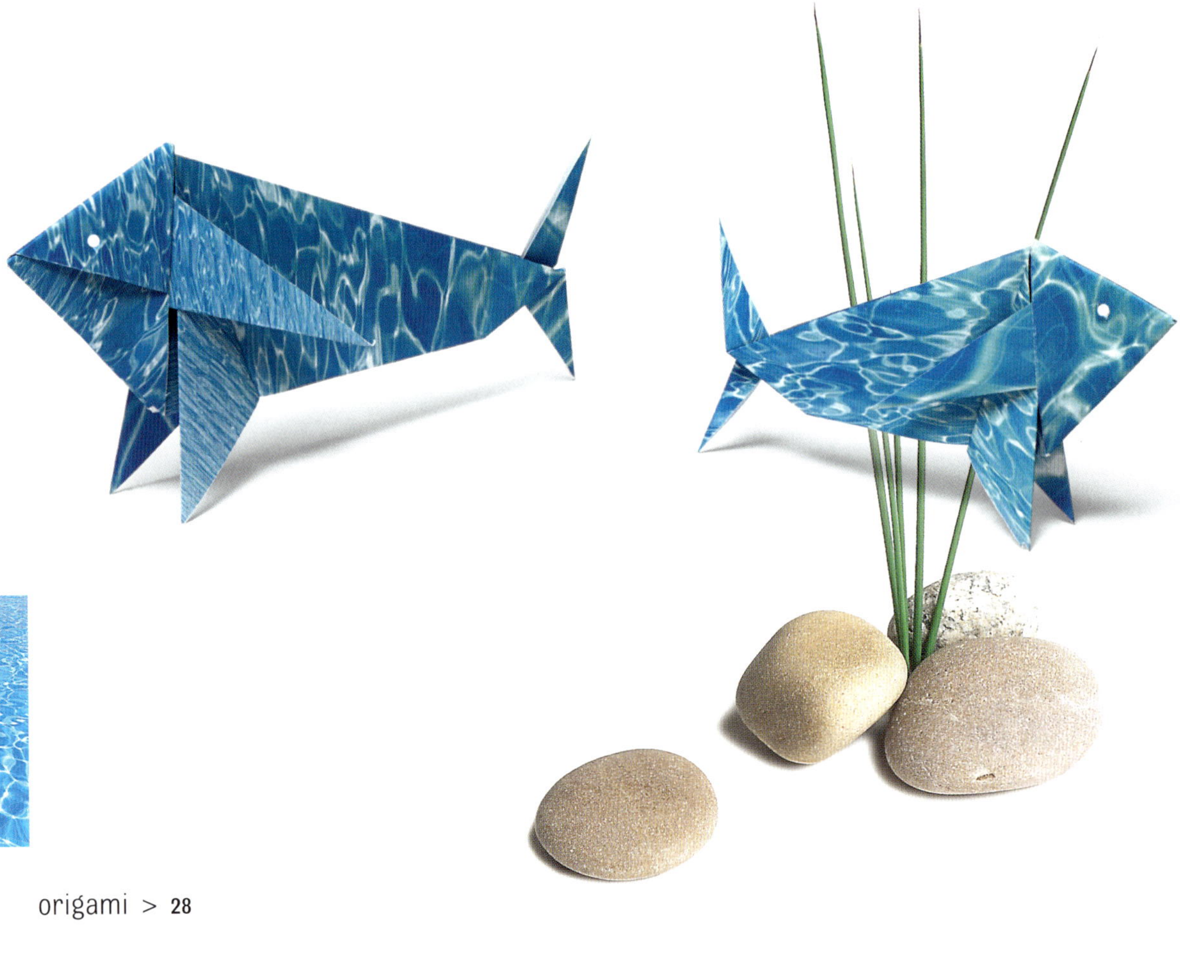

Papier recommandé :
voir p. 137 et 140

1 **Joindre** le pli central d'un carré en rabattant les côtés inférieurs puis déplier

2 **Effectuer** le même pliage pour les côtés supérieurs

3 **Remonter** les coins vers le haut en repliant les côtés dans leurs plis

4 **Couper** le trait fort puis replier l'ensemble en deux derrière

5 **Rabattre** une pointe verticalement vers le bas

6 **Remonter** cette pointe de l'autre côté

7 **Plier** cette pointe vers la gauche

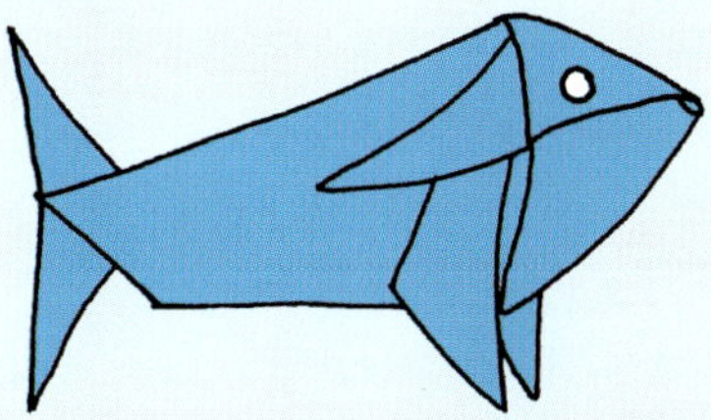

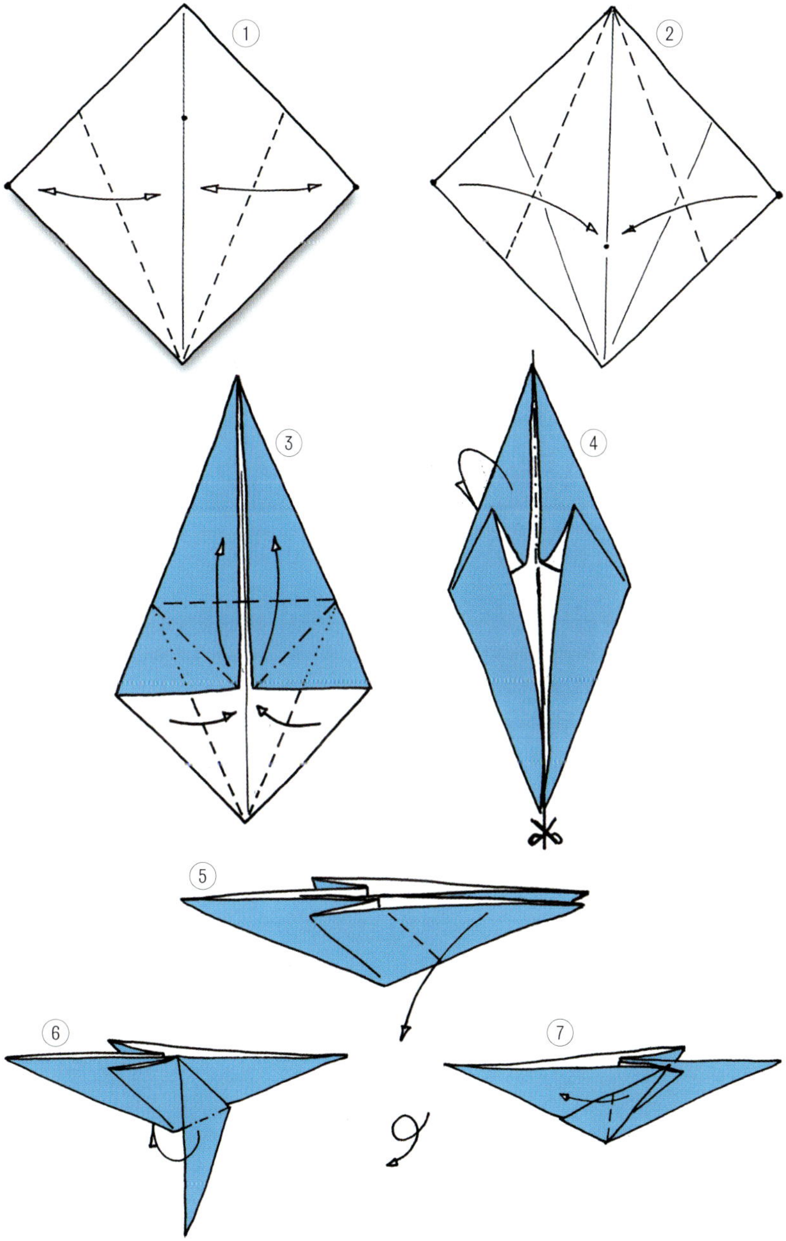

# Le poisson (suite)

8 **Puis** vers la droite

9 **Rabattre** la deuxième pointe verticalement vers le bas

10 **Remonter** cette pointe de l'autre côté puis retourner

11 **Effectuer** un repli de cette pointe et le bloquer entre les deux épaisseurs

12 **Rabattre** verticalement de chaque côté le triangle du dessous puis remonter la pointe de la queue verticalement

**Détails de la queue**

12a **Déplier**

12b **Rentrer** la pointe en pli inversé

12c **Couper** cette pointe en deux

12d **Comme** ceci

12e **Rabattre** la pointe du dessus vers le bas

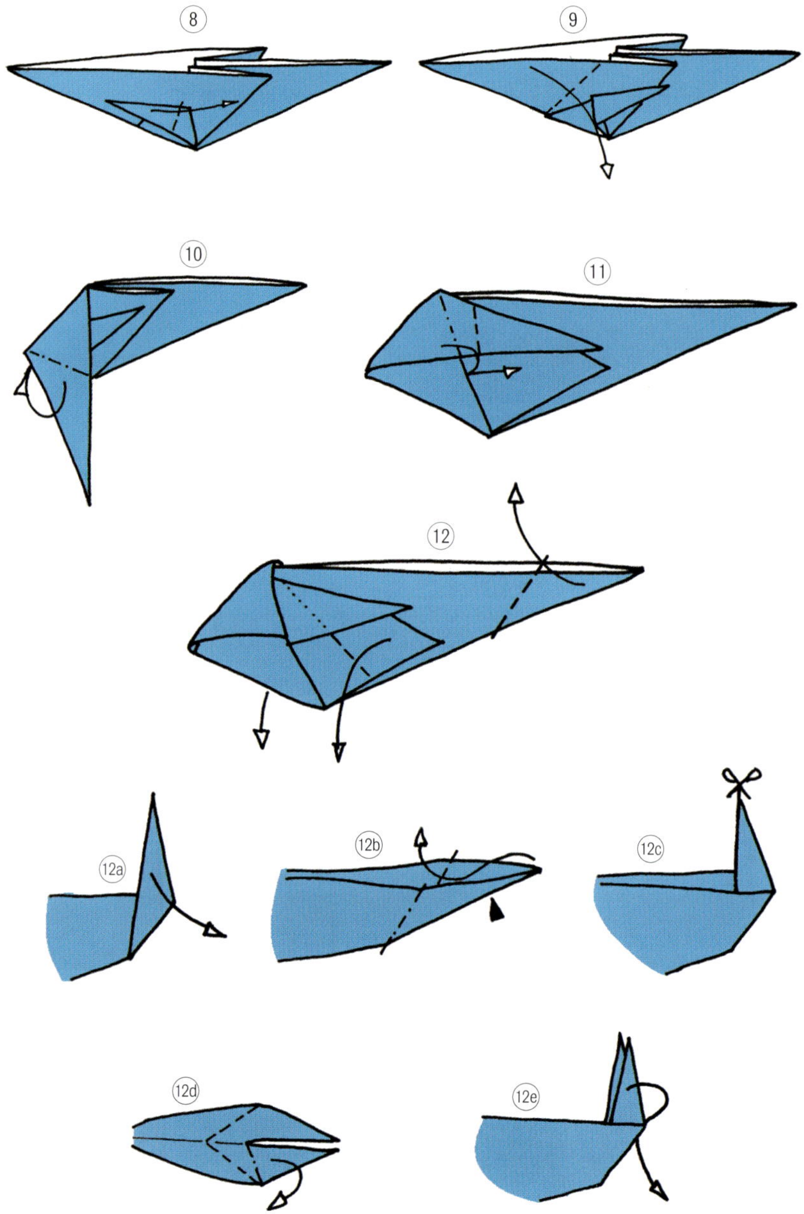

# La souris

Certaines se sont rendues célèbres en jouant dans des dessins animés, d'autres ont préféré la vie dans les greniers, comme cette petite souris à l'allure sauvage.

Papier recommandé :
voir p. 141 et 144

# La souris (suite)

1 **Plier** les côtés sur le pli central

2 **Comme** ceci puis retourner

3 **Plier** en joignant les points

4 **Rabattre** les côtés à plat

5 **Remonter** les côtés le long du pli vertical

6 **Rabattre** deux fois la pointe du dessus sur elle-même (**1**). Couper deux fines bandes pour les moustaches (**2**), puis rabattre la partie du dessus vers le bas (**3**)

7 **Plier** en deux le long du pli vertical

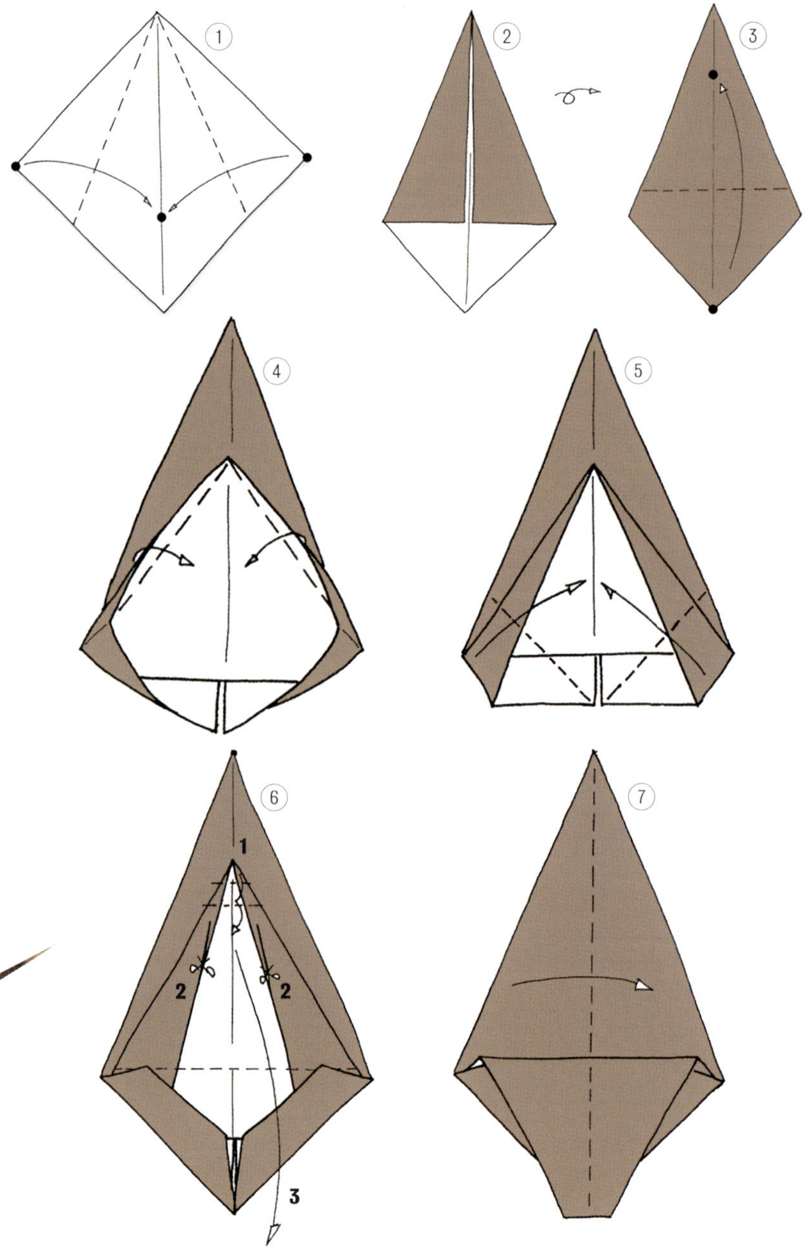

8 **Préparer** les plis des oreilles sur la partie droite (**1**). Déplier les moustaches. Faire un pli inversé intérieur (voir p. 11) pour la queue (**2**) et effectuer un repli pour mettre la souris en volume : ce repli peut être glissé entre deux épaisseurs à l'intérieur du pliage (**3**)

**Détails des oreilles**

8a **Effectuer** un pli aplati

8b **Plier** en deux

8c **Ouvrir** légèrement un côté

8d **Comme** ceci

9 **Remonter** la pointe en pli inversé intérieur (voir p. 11) en ouvrant légèrement les côtés

**Détails de la queue**

9a **Replier** à l'intérieur les bords libres pour affiner la queue

9b **Courber** la queue

**Pour réaliser** une souris debout, plier la queue assez haut à l'étape 9 puis l'affiner comme à l'étape 9 a

8

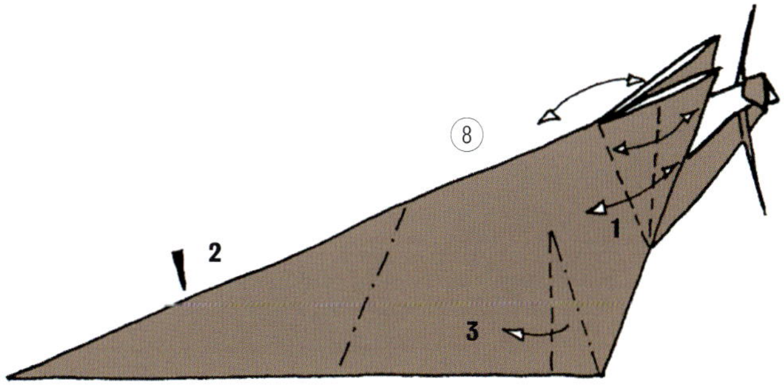


8a

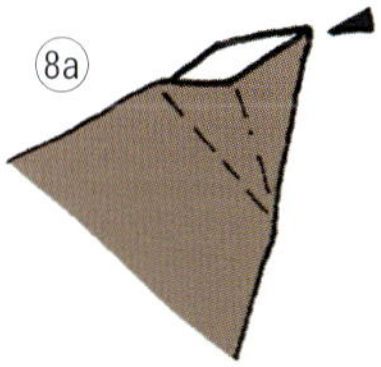

8b

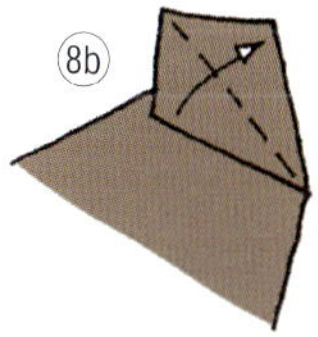

8c

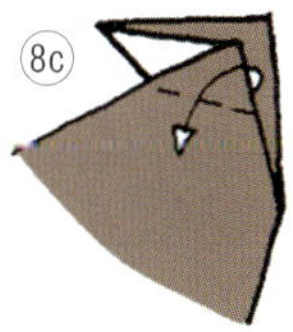

8d

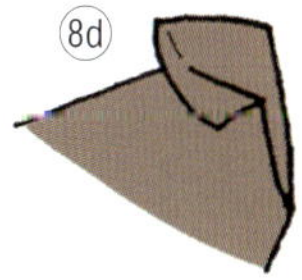

9

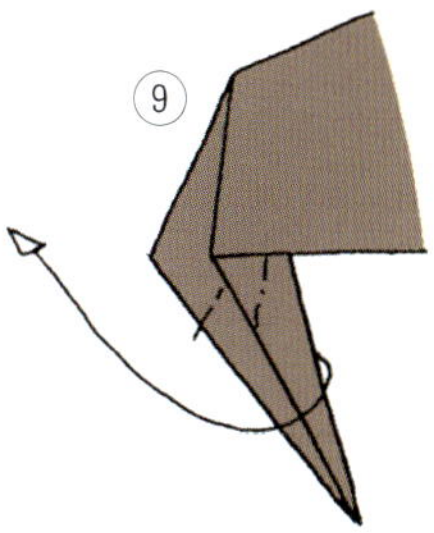

9a

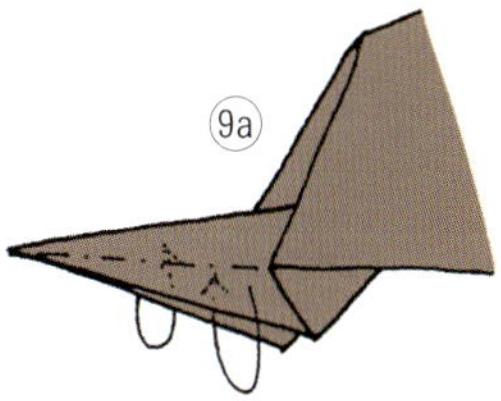

9b

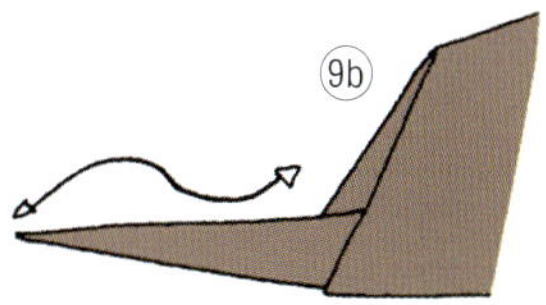

# Le lapin

Ce lapin réalisé dans un papier « peluche » en fait un petit animal de compagnie idéal pour les enfants.

Papier recommandé :
voir p. 145 et 148

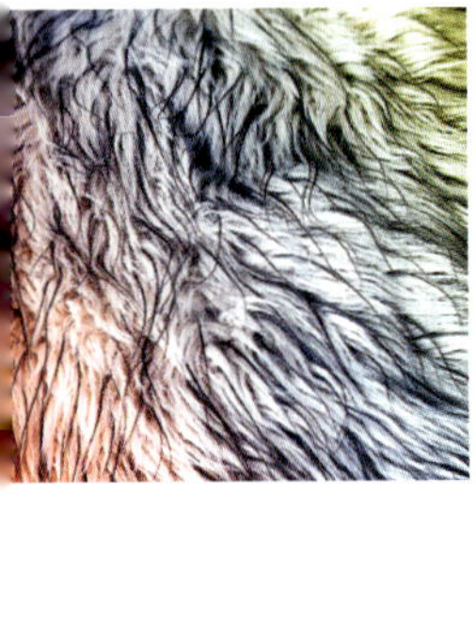

1 **Joindre** les côtés sur le pli central

2 **Remonter** le triangle du bas

3 **Rabattre** un tiers vers le bas en joignant les points

4 **Dégager** les deux feuillets en pliant en bordure du pli précédent

5 **Rabattre** les côtés en respectant les proportions

6 **Pour affiner** les pointes, rabattre le feuillet en ouvrant selon les plis marqués

7 **Courber** la pointe du bas vers l'arrière pour réaliser la queue, puis plier l'ensemble en deux selon le pli vertical

**Détail de la tête**

8 **Effectuer** un pli inversé après pré-pliage. Pour les pattes, effectuer un pli aplati comme pour les oreilles (étapes 11, 12). Dégager la queue en mettant le corps en formes

9 **Remonter** la pointe à l'intérieur en pli inversé

**Détails des oreilles**

10 **Couper** la pointe en deux pour séparer les oreilles. Replier l'avant et emboîter les deux rabats pour former le museau

11 **Marquer** le pli de base de l'oreille puis faire un pli aplati

12 **Comme** ceci. Modeler les oreilles, puis le dos pour donner du volume au lapin

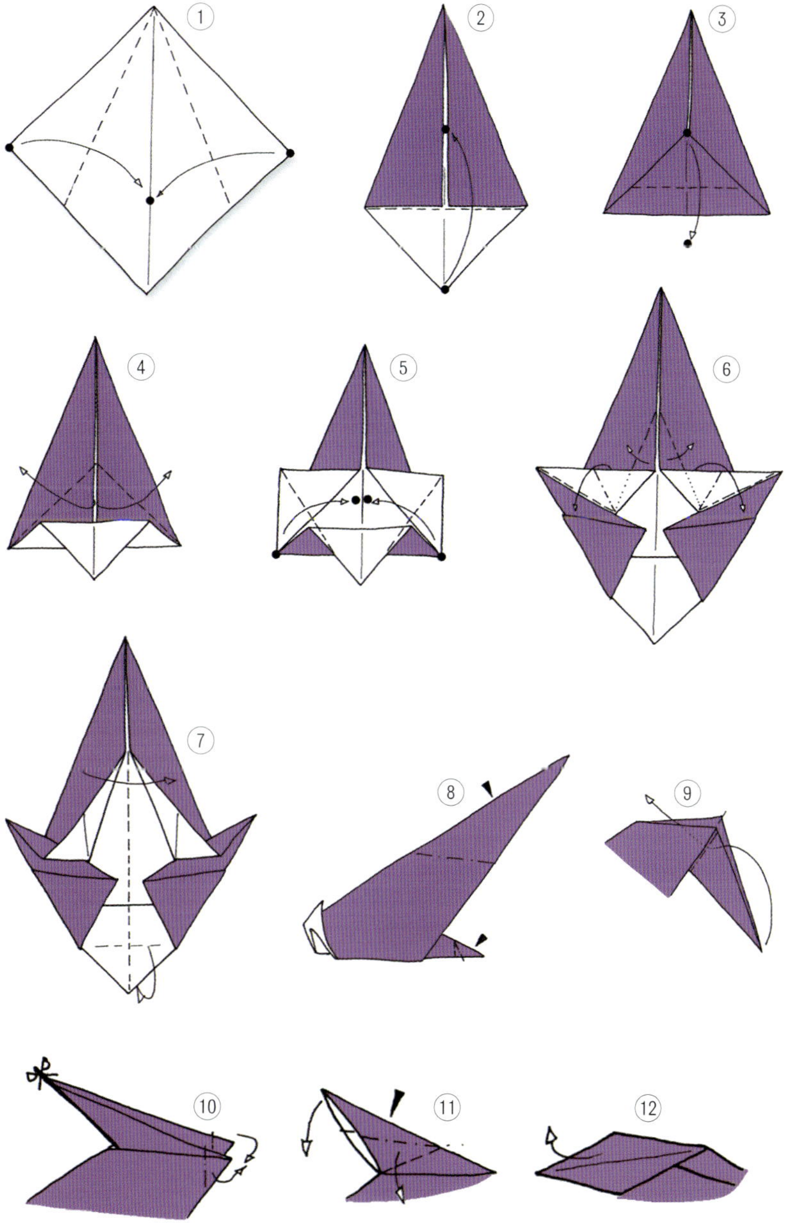

# La girafe

Malgré sa grande taille, on la réalise dans une seule feuille de papier, aux couleurs qui évoquent les savanes africaines.

Papier recommandé :
voir p. 149 et 152

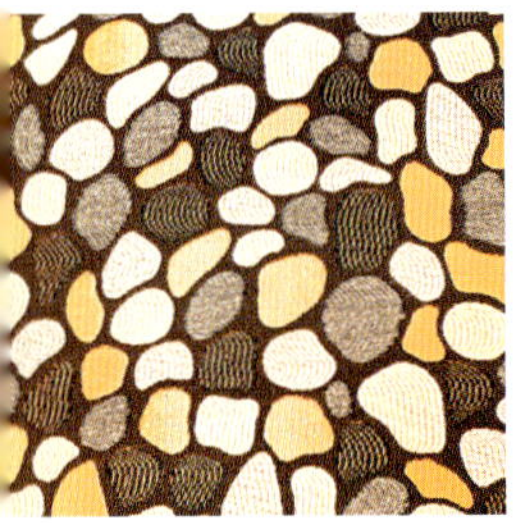

1 **Plier** un carré en deux

2 **Remonter** les pointes

3 **Plier** les côtés puis déplier

4a **Couper** deux entailles pour la queue

4b **Découper** l'épaisseur du dessus puis déplier la queue

5 **Remonter** les pointes

6 **Abaisser** les pointes à partir de l'entaille de la queue comme à droite, en repliant les petites pattes dessous

7 **Comme** ceci. Puis retourner

8 **Remonter** la queue

**Détails de la queue**

8a **Replier** les côtés sur le pli central en mettant le triangle à plat comme à gauche

8b **Comme** ceci

9 **Ouvrir** en deux en rabattant la première épaisseur vers l'avant

10 **Dans le même temps,** replier les côtés dans les plis marqués (**1**) et plier en deux les pointes (**2**) pour mettre à plat l'ensemble

11 **Plier** en deux

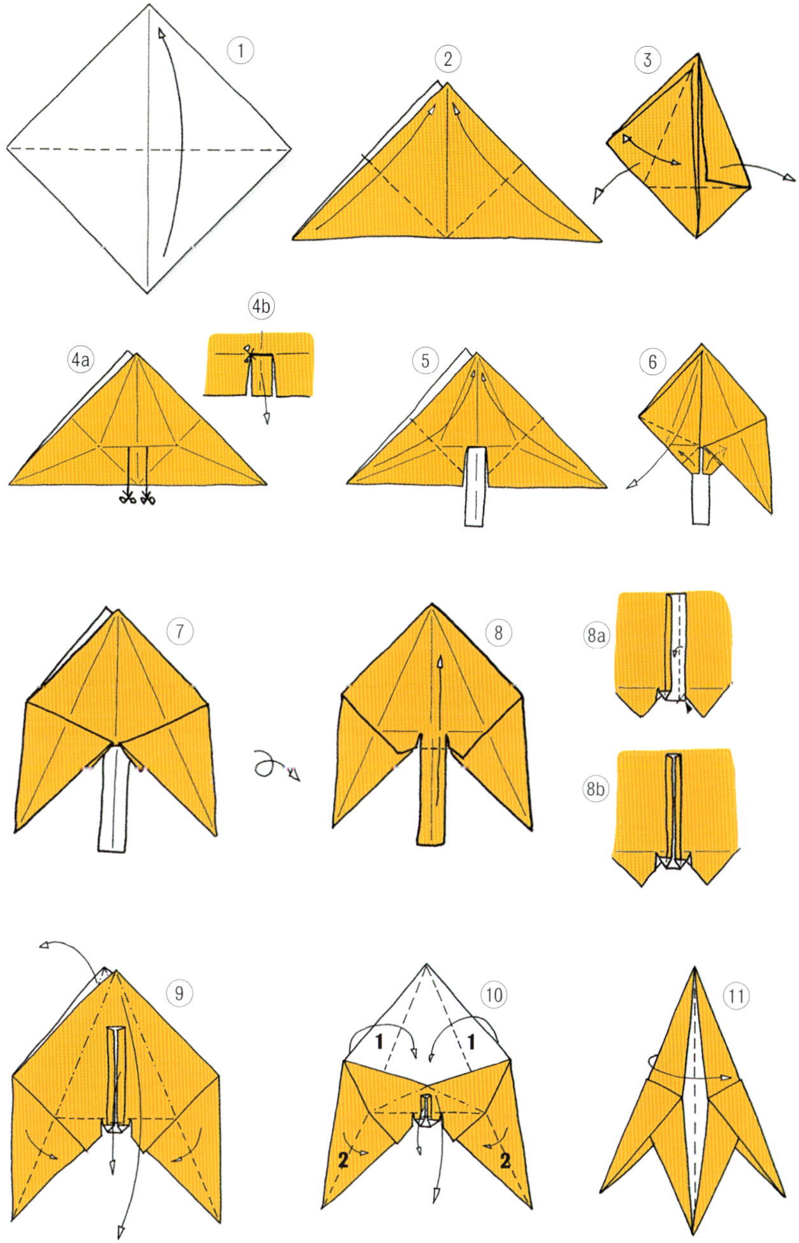

# La girafe (suite)

12 **Faire** un repli et le rentrer entre les épaisseurs. Inverser le sens des plis pour l'autre face

13 **Comme** ceci

14 **Repérer** par un repli l'emplacement de la tête (**1**). Découper les oreilles et les cornes, puis les séparer en coupant le pli central (**2**). Rentrer l'extrémité de la pointe (**3**) puis effectuer le repli de la tête

### Détails de la tête

14a **Replier** le museau puis aplatir un peu la tête

14b **Comme** ceci

### Détails de la queue

14c **Remonter** les côtés selon un pli en travers

14d **Rabattre** vers le bas de chaque côté ce qui dépasse

14e **Comme** ceci. Puis courber légèrement la queue. Donner du volume à l'ensemble en modelant les pattes et le cou

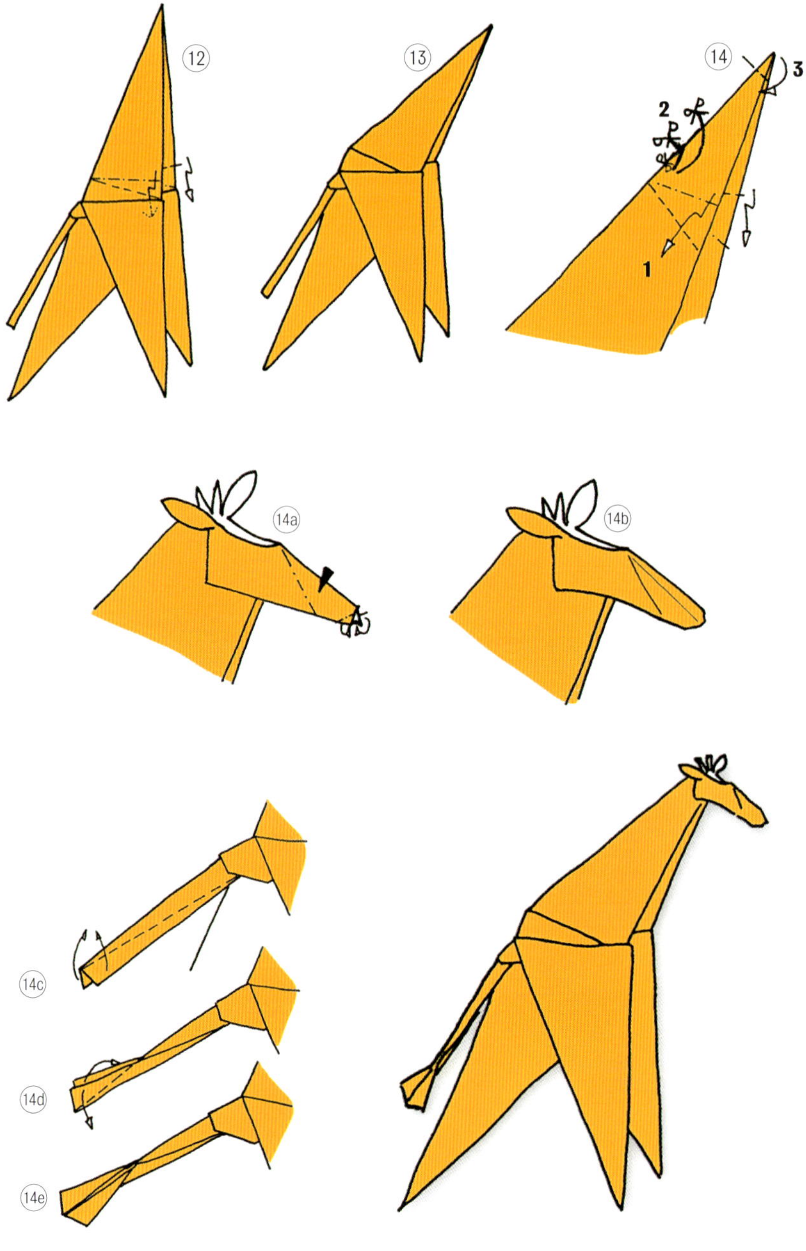

# Le cheval

Le cheval est la plus belle conquête de l'homme. Il aime galoper dans des territoires sauvages comme l'évoque ce papier couleur terre.

Papier recommandé :
voir p. 153 et 156

# Le cheval (suite)

1 **Plier** les côtés d'une base préliminaire (voir p. 13)

2 **Couper** le trait fort uniquement sur les feuilles du dessus et du dessous puis déplier

3 **Rabattre** les pointes de chaque face

4 **Rentrer** la pointe à la base après pré-pliage (**1**). Rabattre les côtés sur toute la longueur (**2**)

5 **Repérer** la position de la tête en pointillé et effectuer un pré-pliage de la queue : un pli à angle droit, puis un deuxième divisant l'angle restant en deux

**Détail de la tête**

6 **Pour réaliser** la crinière, couper une pointe sur toutes les épaisseurs ; pour les oreilles, couper en arrondi toutes les épaisseurs

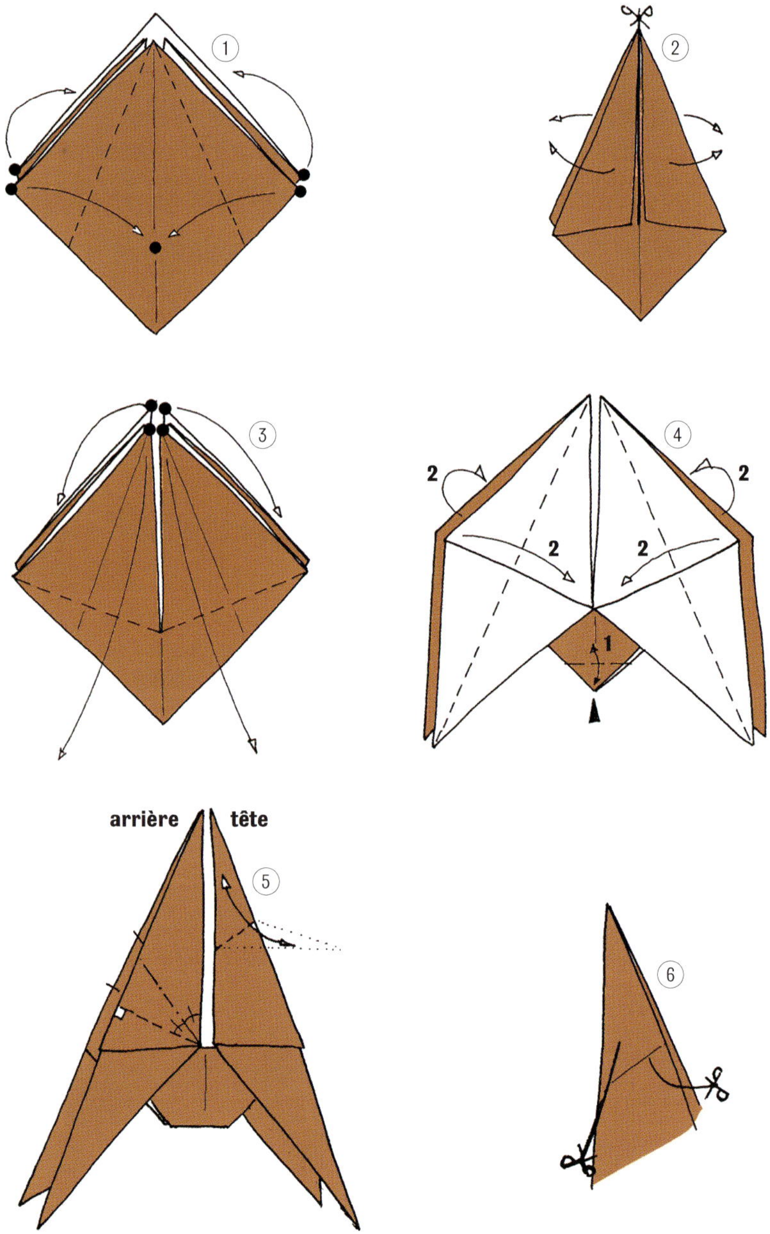

### Détails de la tête

7 **Ouvrir** la tête et effectuer un repli pour créer les naseaux

8 **Redresser** les oreilles (**1**) et replier l'ensemble en pli inversé (**2**)

9 **Effectuer** un repli à l'avant de la tête

10 **Comme** ceci

### Détails de l'arrière

11 **Ouvrir** la pointe pour former l'arrière puis l'abaisser dans ses plis de chaque côté

12 **Effectuer** un repli à l'intérieur pour réaliser la queue

### Détails de la queue

13 **Effectuer** un pli inversé

14 **Ouvrir** les côtés en les retournant

15 **Affiner** la base de la queue et modeler l'extrémité par un pli inversé

16 **Pour que le cheval trotte,** faire un pli inversé sur une patte avant et arrière. Basculer la tête vers l'avant en effectuant un repli sur chaque face. Donner du volume.

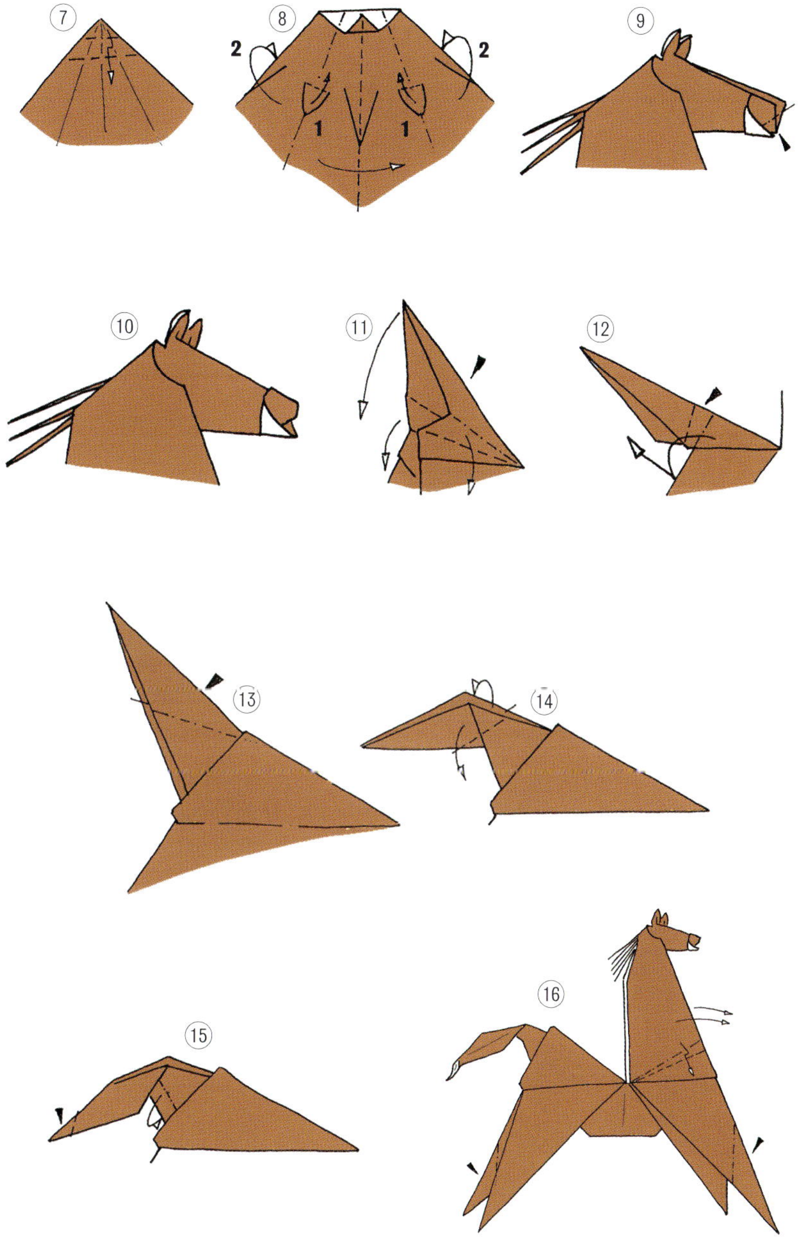

# L'éléphant

On le remarque dans les zoos ou dans les cirques mais dans certains pays l'éléphant est un animal sacré. En tout cas, en voici deux aux allures orientales.

Papier recommandé :
voir p. 157 et 160

1 **Partir** de la base du poisson (voir p. 16). Diviser l'angle en deux en pliant les pointes vers l'extérieur

2 **En écartant** les pointes, mettre à plat les plis intérieurs puis retourner

3 **Marquer** les plis puis plier en deux le long du pli vertical

4 **Plier** la pointe du haut en pli inversé extérieur après pré-pliage (voir p. 10). Plier la pointe de gauche en pli inversé intérieur après pré-pliage

5 **Rentrer** la pointe supérieure de la tête à l'intérieur. Pour la trompe, faire un pré-pliage ; pour la queue, effectuer un pli inversé après pré-pliage. Replier les pointes des pattes avant en ouvrant les extrémités

5a **Marquer** le deuxième pli de la trompe, puis effectuer un repli intérieur

5b **Replier** la pointe vers le bas par un repli

5c **À la base** de l'éléphant, rabattre les pointes vers l'intérieur, replier la queue vers le bas et arrondir le dos. Pour finir, modeler les oreilles

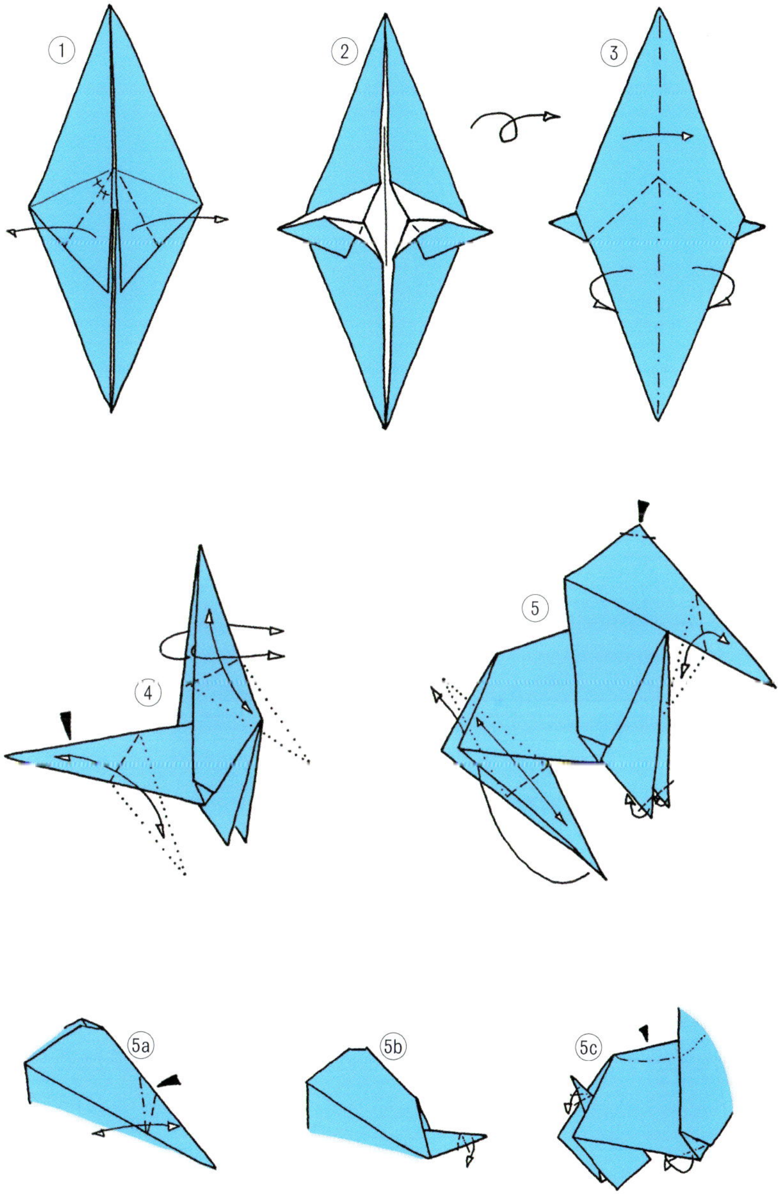


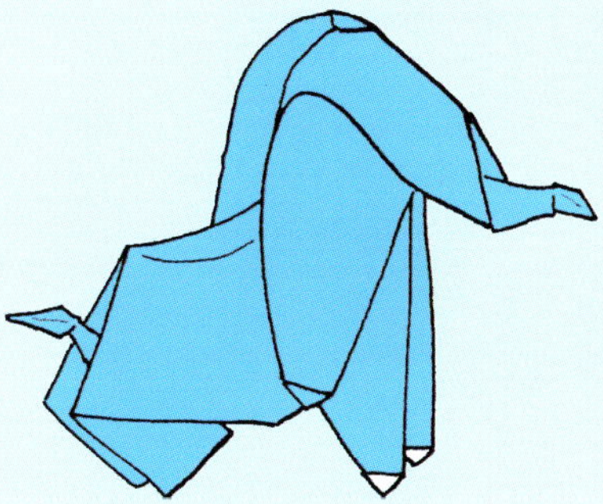

# Le chat

Comme l'évoque ce papier, le chat est un petit félin qui rappelle la panthère. Il est l'ami de l'homme en toute liberté.

Papier recommandé :
voir p. 161, 164, 165 et 168
utiliser deux carrés de papier

**Le corps**

1 **Rabattre** un coin (**1**) puis replier en deux derrière selon la diagonale (**2**)

2 **Pour réaliser** la queue, rabattre la pointe vers le bas

3 **Plier** en deux la pointe (**1**) puis déplier (**2**)

4 **Effectuer** un pli inversé de la pointe

5 **Inverser** les plis marqués sur les deux faces

6 **Remonter** la pointe en pli inversé puis rabattre le triangle supérieur

7 **Effectuer** un repli sur les deux épaisseurs en mettant le pliage en volume. Marquer ensuite sur l'autre face ce repli en inversant le sens des plis

8 **Comme** ceci

**La tête**

9 **Plier** en deux un carré plus petit que celui utilisé pour le corps

10 **Replier** les pointes vers le bas

11 **Pour réaliser** les oreilles, remonter les pointes comme à droite

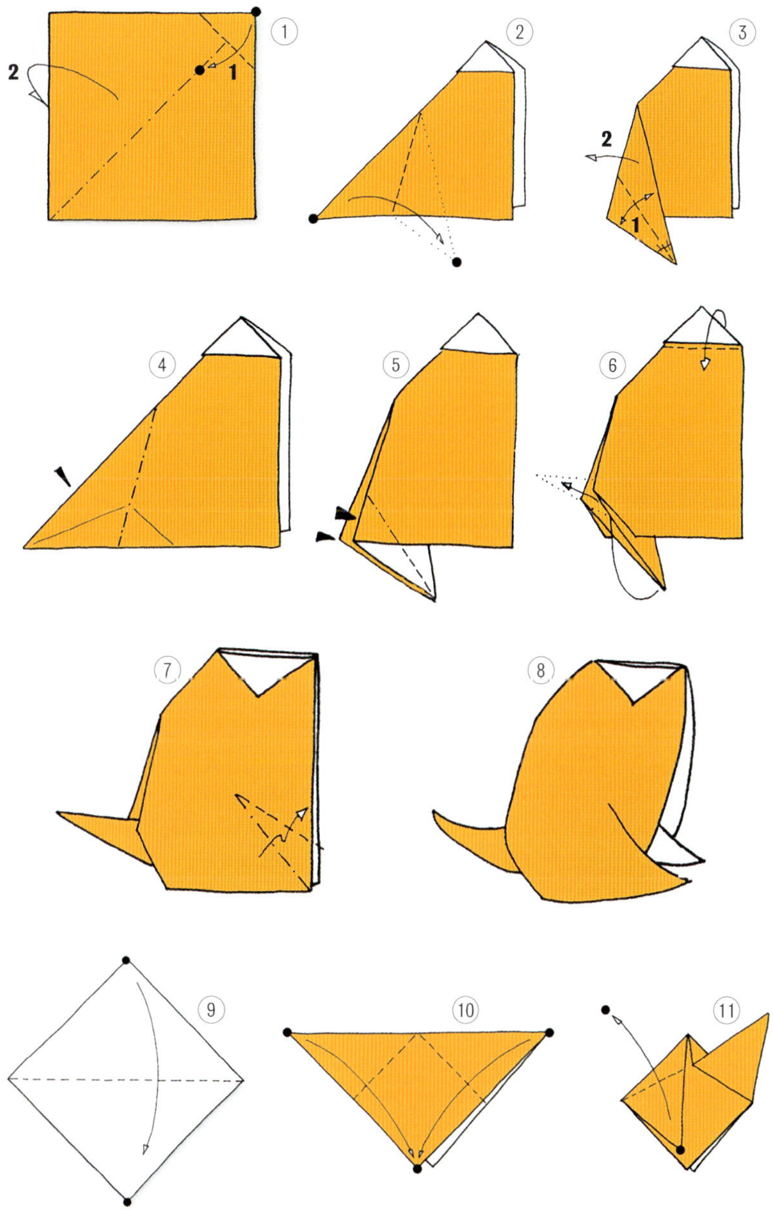

# Le chat (suite)

**12** **Replier** le triangle du haut puis retourner le pliage

**13** **Abaisser** les oreilles en ouvrant les côtés sans les aplatir. Pour réaliser le museau, effectuer un repli en mettant l'ensemble en volume, puis retourner

**Détails**

**13a** **Appuyer** sur le haut de l'oreille en étirant la pointe vers l'arrière

**13b** **Comme** ceci

**13c** **Pour** le museau, remonter la pointe à l'intérieur à angle droit

**13d** **Replier** sur le côté et écarter doucement les deux triangles

**13e** **Comme** ceci. Puis retourner l'ensemble

**14** **Réduire** les côtés en repliant derrière. Marquer les plis de la truffe en appuyant au centre. Basculer les oreilles vers l'arrière ; modeler les yeux à l'aide des pouces. Remonter le triangle supérieur situé derrière

**15** **Glisser** le triangle de la tête dans la poche supérieure du corps

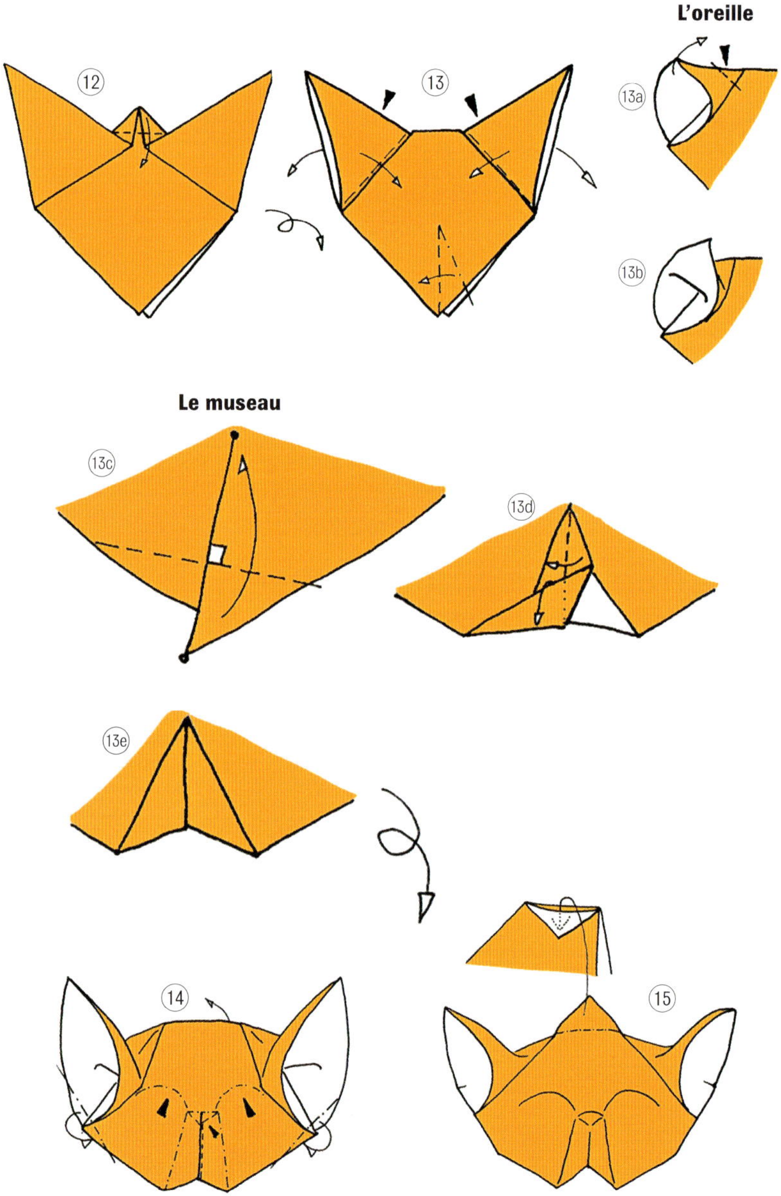

# Le manchot

Le manchot est un animal qui vit en groupe, les pieds dans la glace, comme le rappelle cette petite famille réalisée dans un papier « banquise ».

Papier recommandé :
voir p. 169 et 172

# Le manchot (suite)

1 **Marquer** le pli central puis rabattre les côtés sur ce pli

2 **Plier** derrière

3 **Marquer** le pli en rabattant la pointe pour esquisser la tête (**1**) puis ouvrir les côtés (**2**)

4 **Marquer** le pli en rabattant toute la partie gauche comme indiqué puis ouvrir complètement

5 **Avant de replier,** placer les plis vallée et montagne comme indiqué

6 **Commencer** à replier à plat

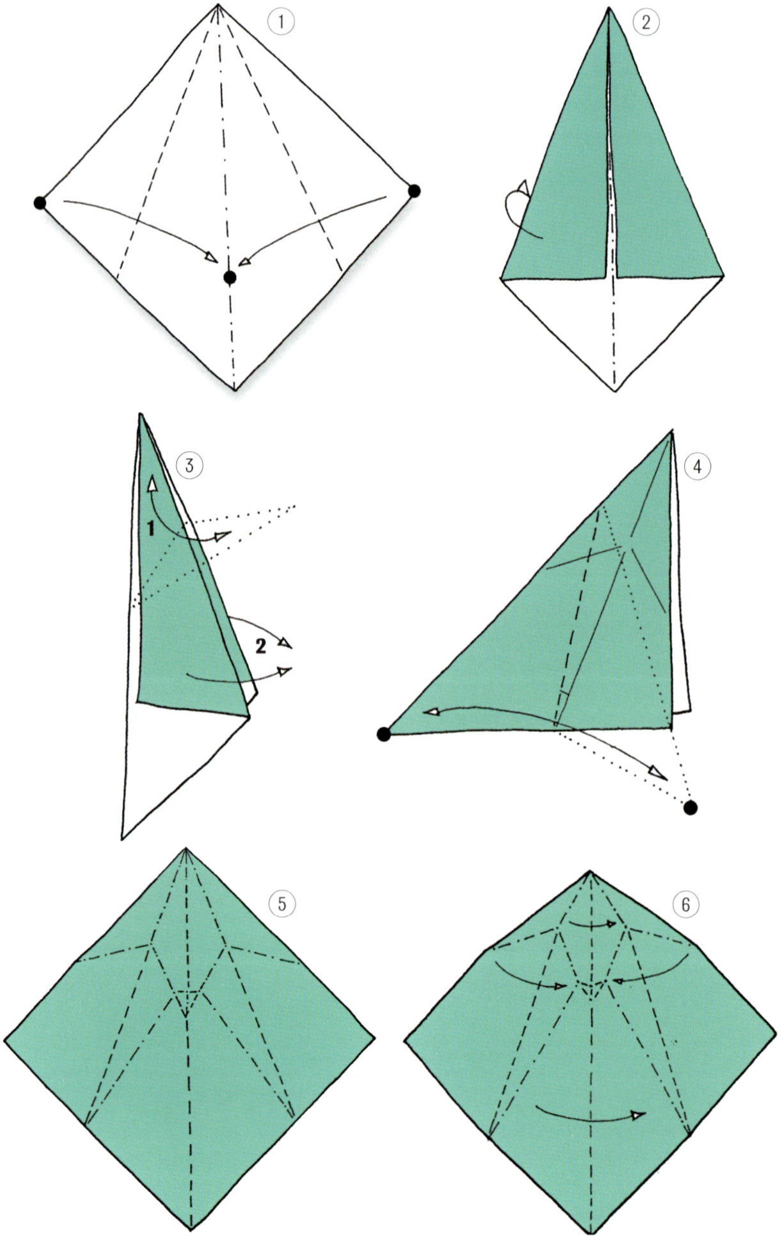

7 **Rabattre** vers la gauche la partie inférieure. Pour le bec, rabattre la pointe

8 **Remonter** la pointe du bec et le triangle inférieur

9 **Couper** au niveau du trait fort, marquer le pli à la base (**1**) puis déplier le bec et la base (**2**)

10 **Pour le bec** et le triangle inférieur, ouvrir puis effectuer des plis inversés (**1**). Rabattre la partie gauche sur chaque face pour former les ailes (**2**)

**Détails bec**

10a **Réduire** le bec en rabattant la moitié à l'intérieur. Replier l'extrémité

**Détails pattes**

10b **Pour faire apparaître** les pattes, rabattre à l'intérieur la base puis placer les pattes à plat. Mettre en volume le manchot par l'intérieur.

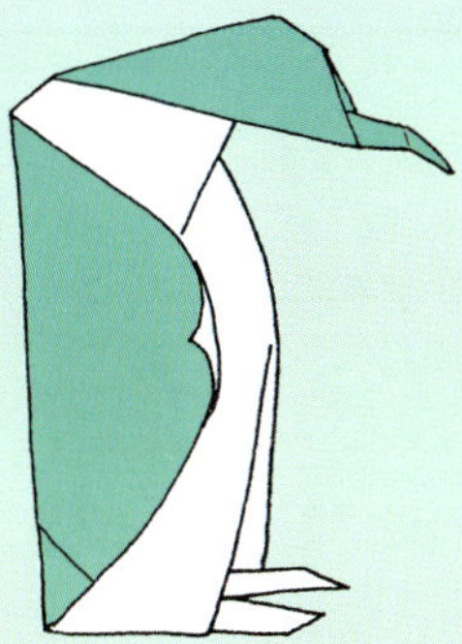

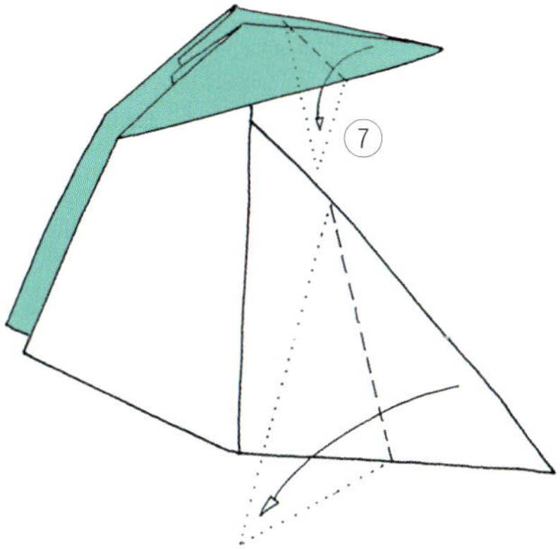


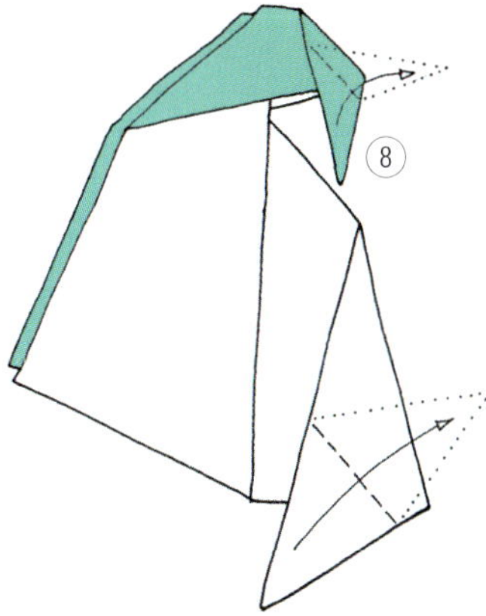


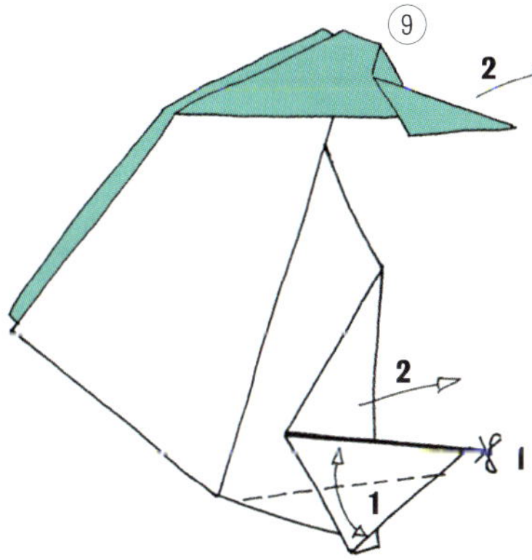


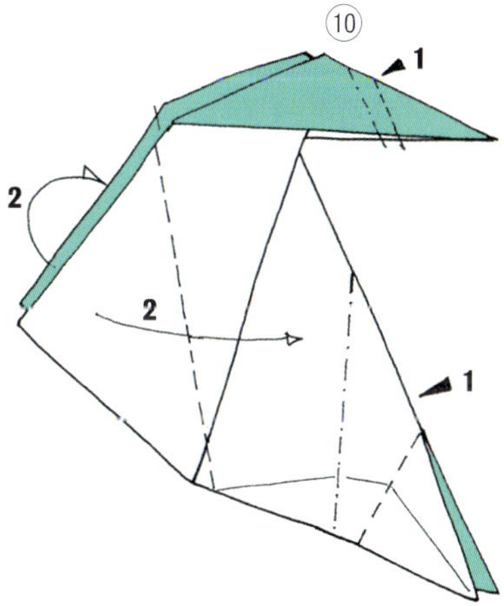


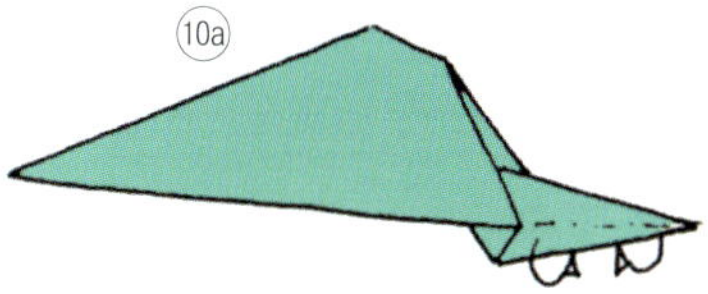


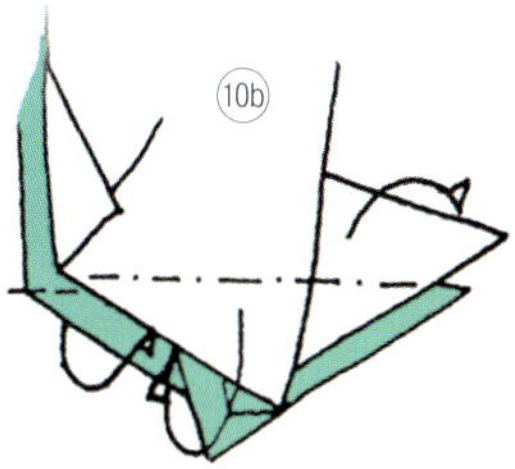

# Le crabe

Ce crustacé familier des bords de mer possède une paire de grosses pinces qu'il utilise pour vous chatouiller au passage.

Papier recommandé :
voir p. 173 et 176

1 **Réaliser** la base de la grenouille (voir p. 17) puis rabattre de chaque côté la pointe vers le bas

2 **Tourner** les feuillets le long du pli vertical pour faire apparaître sur les deux faces deux nouveaux triangles

3 **Remonter** la pointe à l'horizontale puis déplier

4 **Comme** sur le côté droit, ouvrir légèrement pour glisser entre les épaisseurs la pointe gauche

5 **Pour doubler** le nombre des pattes, couper en deux le pli central des pointes. Décaler vers le haut les pointes du dessous puis retourner l'ensemble

6 **Sur les quatre pattes supérieures,** faire des plis inversés extérieurs (voir p. 11) après pré-pliage en basculant les pointes vers le haut. Sur les pointes du bas, faire des plis inversés après pré-pliage comme sur la pointe droite

7 **Effectuer** un autre pli inversé intérieur (voir p. 11) sur les pointes inférieures comme sur la pointe droite

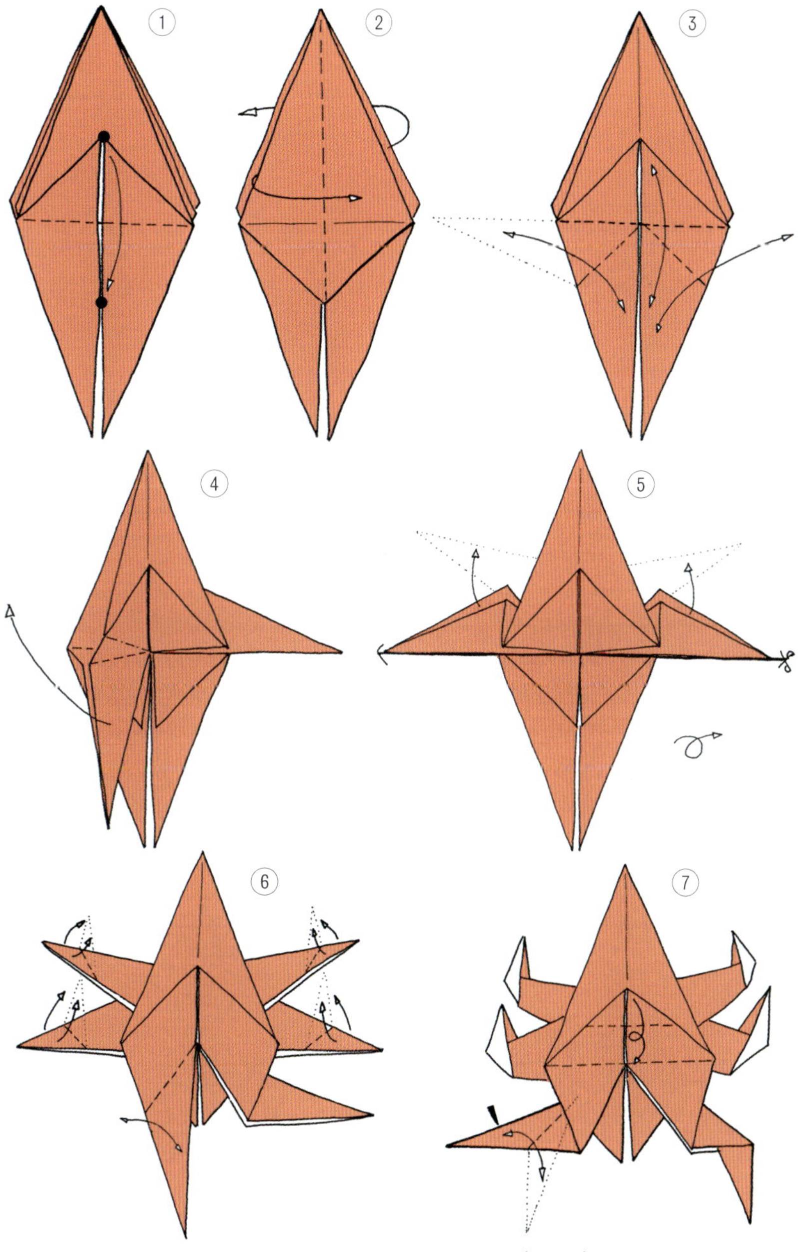

# Le crabe (suite)

8 **Pour réaliser** les pinces, plier une épaisseur de la pointe en la basculant vers l'arrière comme sur la pince droite (8 c). Pour les yeux, rabattre les triangles sur le dessus puis ouvrir les poches en carré

**Détails**

8a **Comme** ceci

8b **Rabattre** les côtés des carrés en courbant les yeux

8c **Puis retourner** tout le pliage comme ceci

9 **Replier** la pointe vers la gauche pour mettre la carapace en creux

10 **Basculer** la pointe vers le haut

11 **Ouvrir** le côté gauche de cette pointe

12 **Pour bloquer** le volume, rentrer les parties libres entre les épaisseurs du triangle central. Retourner

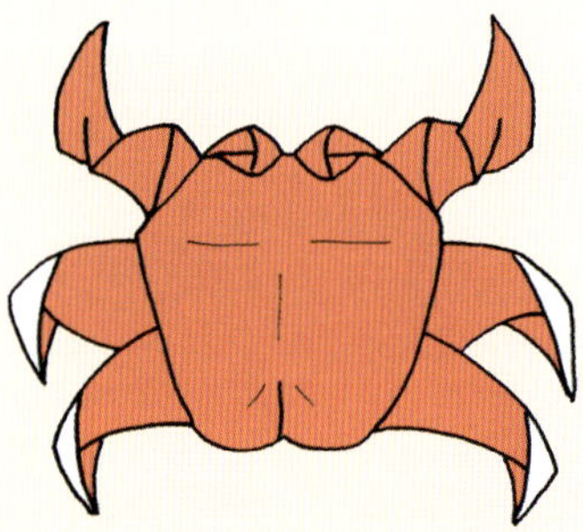

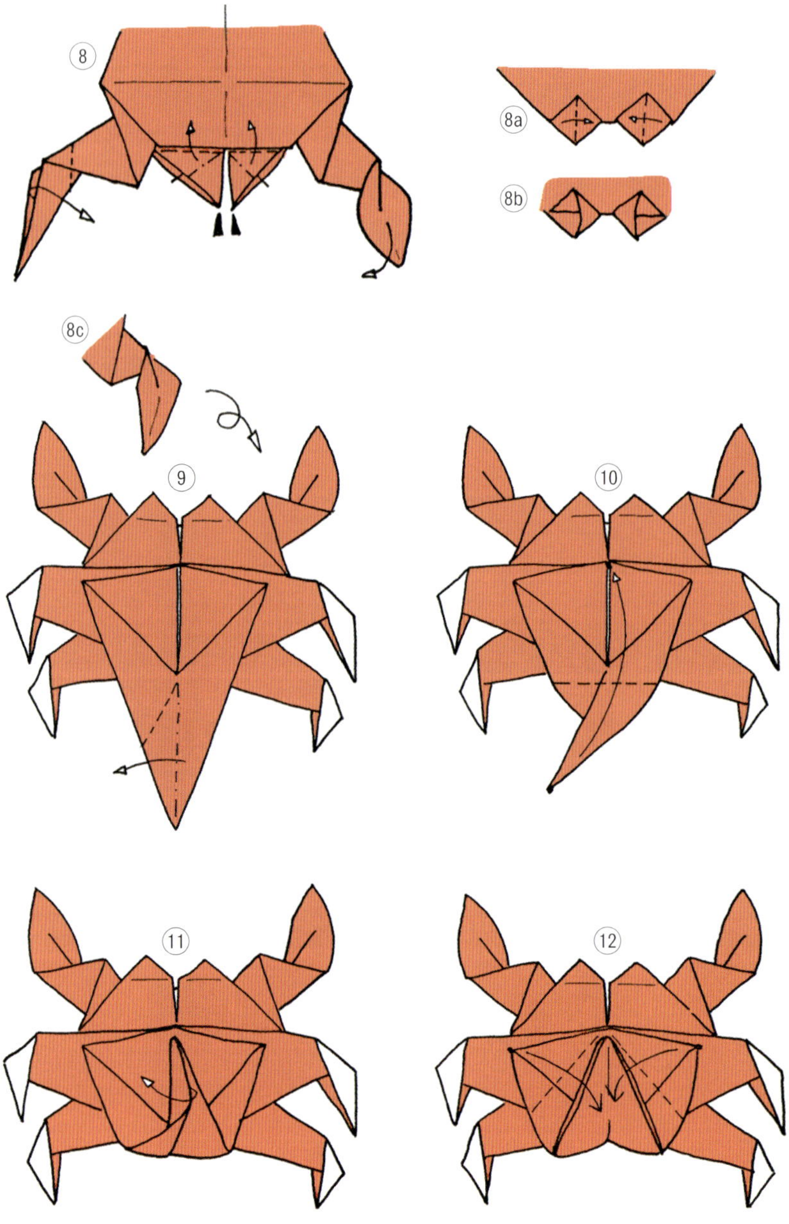

# Le taureau

Ce taureau a fière allure avec ses vives couleurs du Sud. Celui qui vous est proposé ici est tout a fait inoffensif, contrairement au symbole de puissance qu'il représente.

Papier recommandé :
voir p. 177, 180 et 181
utiliser deux carrés de papier

# Le taureau (suite)

1 **Plier** selon la diagonale un carré (légèrement plus grand que celui de la tête) puis remonter les pointes des côtés en joignant les points

2 **Marquer** les plis sur toutes les épaisseurs en divisant les pointes en deux puis déplier

3 **Effectuer** des plis inversés sur les deux côtés

4 **Aux quatre coins,** effectuer des plis inversés en suivant le pré-pliage

5 **Descendre** un feuillet

6 **Descendre** les pointes en pli inversé en ouvrant légèrement les côtés. Plier le triangle inférieur

7 **Rabattre** les triangles derrière puis retourner

8 **Pincer** la pointe supérieure. C'est elle qui recevra la tête

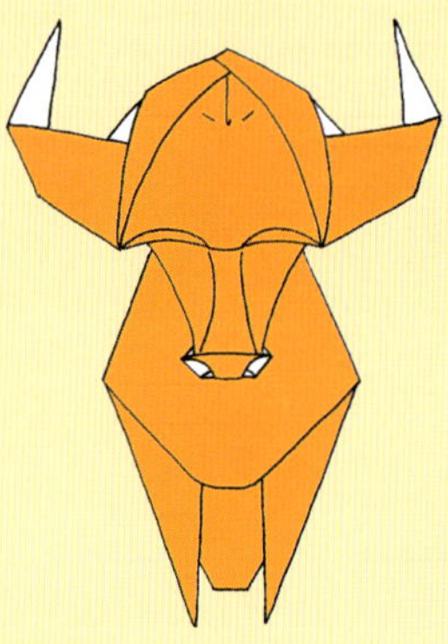

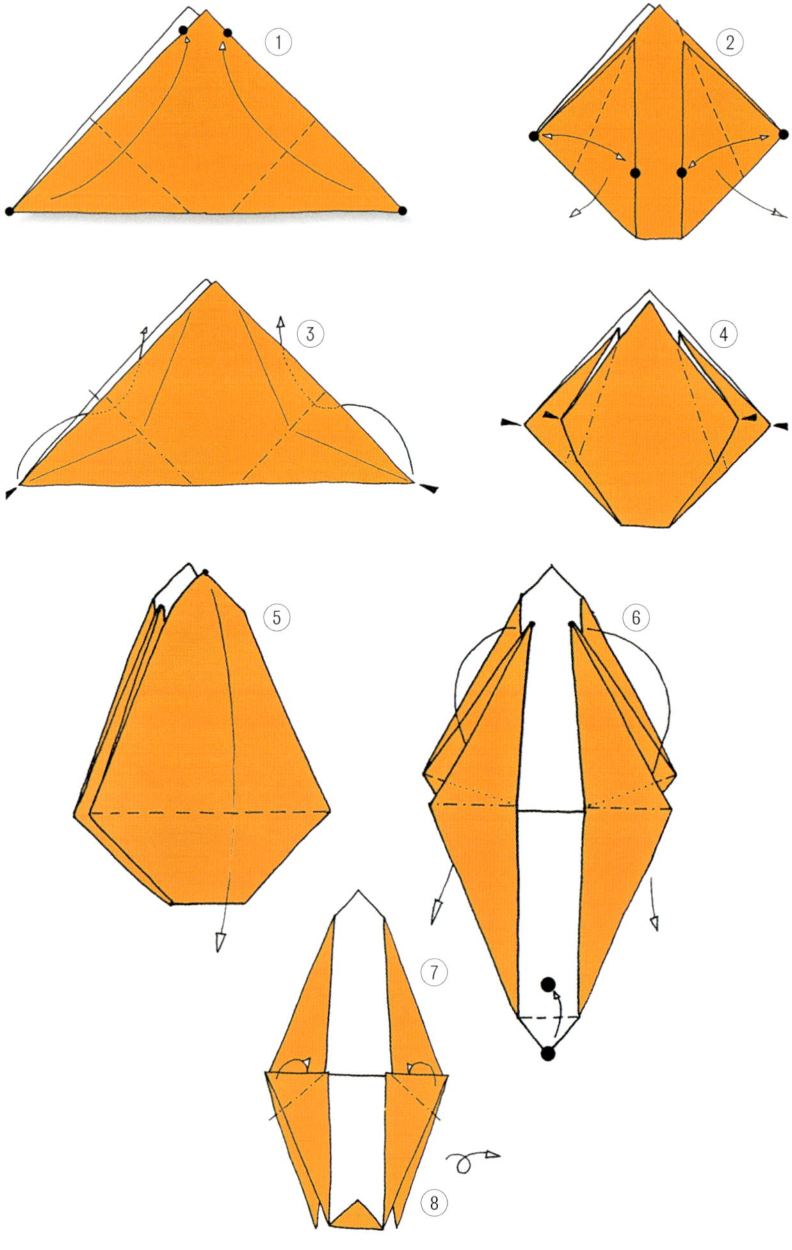

**La tête**

**9** **Remonter** les pointes d'un demi-carré en joignant les points

**10** **Marquer** les plis sur toutes les épaisseurs en divisant les pointes, puis déplier

**11** **Á partir** du point central de l'étape précédente, rabattre les pointes vers l'extérieur puis replier le triangle du haut

**12** **Rabattre** dans ses plis le côté gauche puis retourner

**13** **Replier** l'autre côté de la même manière

**14** **Effectuer** un repli en rentrant les coins entre les épaisseurs puis retourner

**15** **Ouvrir** les deux feuillets en les rabattant sur les côtés. Pour réaliser les cornes, effectuer des plis inversés après un pré-pliage

**16** **Marquer** d'un pli la base des cornes ; puis mettre en volume la tête en effectuant un repli sur la partie haute qui viendra se bloquer entre les épaisseurs

**Détail**

**16a** **Rabattre** derrière la pointe qui dépasse. Cette pointe légèrement ouverte permettra de faire tenir la tête sur le corps.

**17** **Pour finir** le museau, courber la base puis courber le feuillet vers l'avant. Modeler les yeux en appuyant sur l'arête horizontale et en dépliant le repli. Placer la tête sur le corps comme indiqué à l'étape 8 a

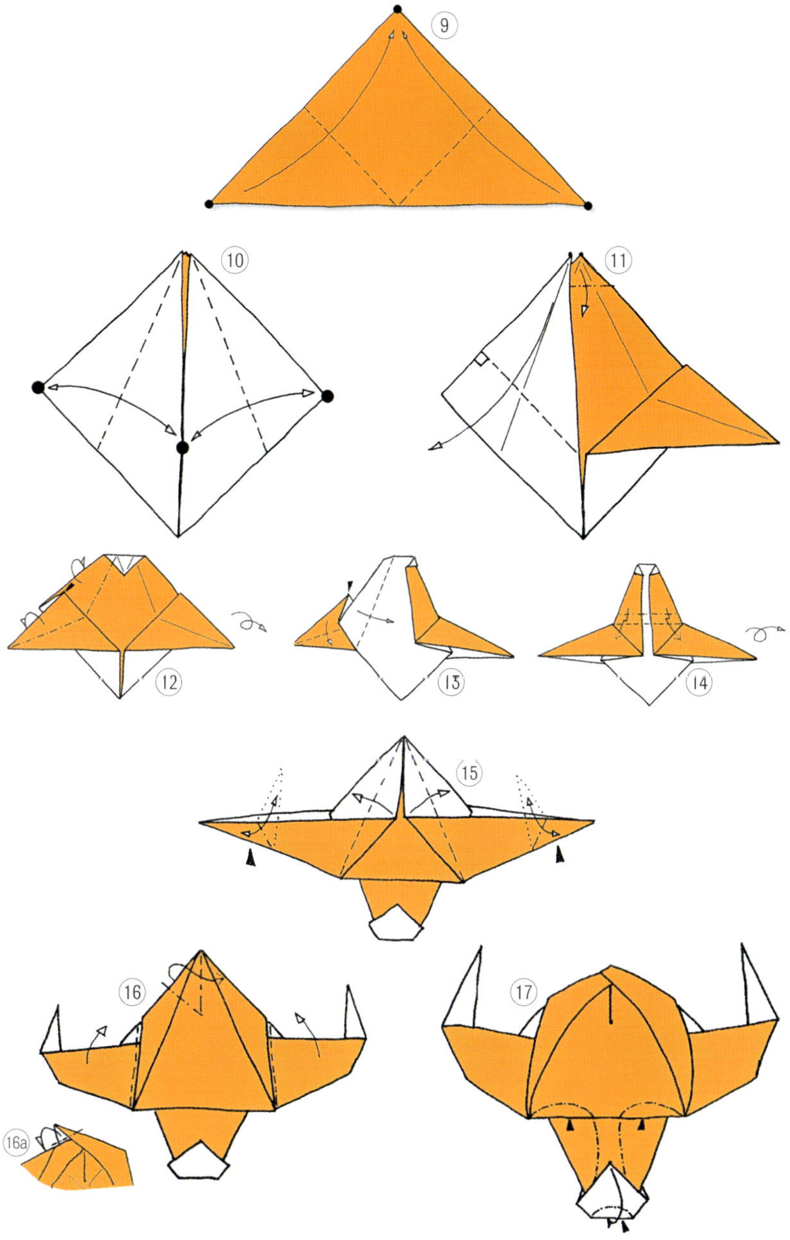

# Le singe

Le babouin est un petit singe acrobate que l'on trouve dans tous les zoos du monde. Il amuse les enfants par ses grimaces et ses facéties. Celui-ci nous étonne par son envoutant pelage.

Papier recommandé :
voir p. 184, 185 et 188
utiliser deux carrés de papier

### Partie supérieure

1 **Remonter** les pointes d'un demi carré (voir étape 1 de la partie inférieure) en plaçant la couleur au verso. Plier ensuite (**1**) les côtés sur le pli central puis déplier complètement (**2**)

2 **Placer** les plis dans le bon sens puis remonter les pointes

3 **Pour** réaliser les membres supérieurs, plier la pointe gauche de sorte qu'elle se trouve plus haut que la pointe droite

4 **Réduire** la largeur des bras en les repliant en deux. Marquer le pli de la pointe supérieure, réaliser les étapes 4a à 4c puis plier l'ensemble en deux

### Détail du bras

4a **Plier** le bras gauche vers le haut en pli inversé extérieur (voir p. 11)

### Détails du museau

4b-c **Pour réaliser** le museau, ouvrir la pointe supérieure, plier le triangle derrière puis replier dans ses plis

5 **Pour réaliser** la tête, plier sur le côté en rabattant le haut

### Détails des mains

5a **Ouvrir** le membre supérieur, réaliser les plis comme indiqué puis replier en deux

5b **Ouvrir** le deuxième membre, effectuer les plis puis replier en deux

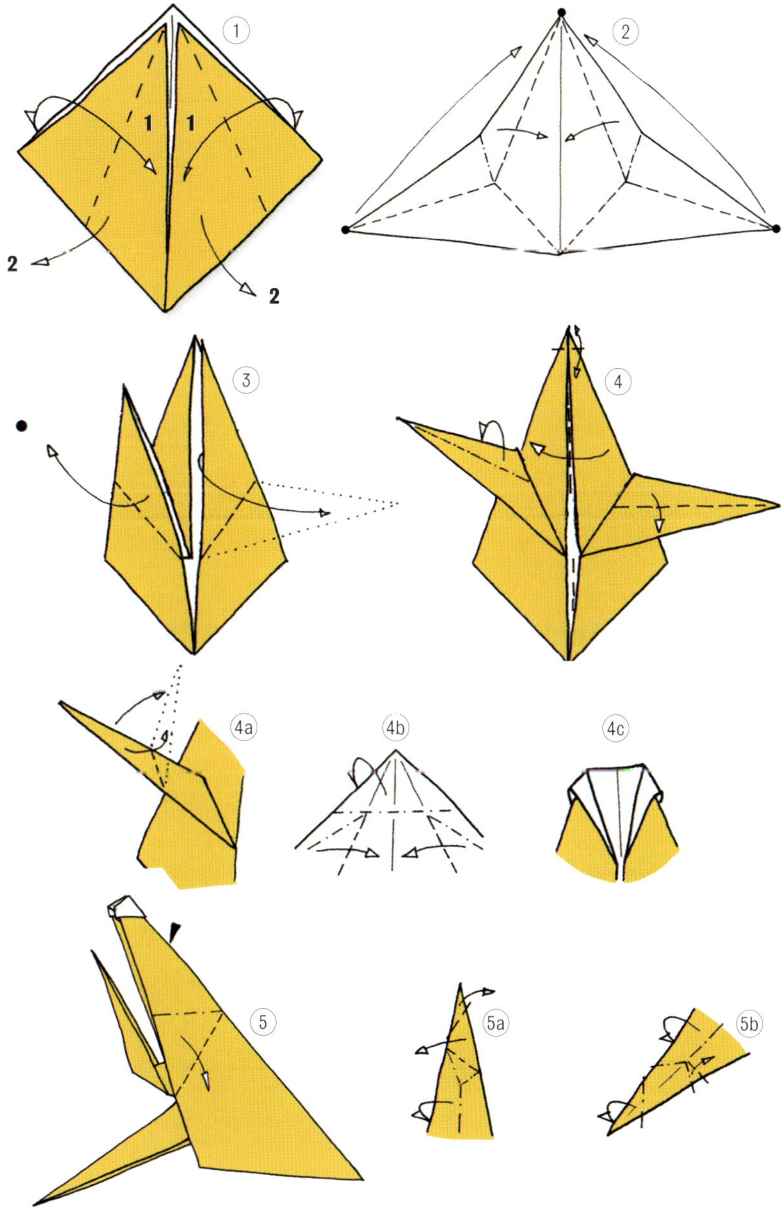

# Le singe (suite)

6 **Rentrer** la pointe de la base par un pli inversé (**1**). Pour réaliser les oreilles, effectuer des replis en pli inversé (**2**). Pour le museau, plier le triangle (**3**)

7 **Pour réaliser** les yeux, effectuer les plis en triangle (**1**). Pour le museau, faire un repli de chaque côté (**2**). Arrondir le museau (**3**)

**Partie inférieure**

8 **Remonter** les pointes d'un demi carré

9 **Marquer** les plis en rabattant les côtés sur le pli central

10 **Rabattre** les pointes vers l'extérieur comme à droite en pliant en deux vers l'extérieur puis retourner

11 **Marquer** tous les plis, puis commencer à rabattre les côtés au centre (**1**) et les pointes sur elles-mêmes (**2**)

12 **Pour mettre** à plat le triangle comme sur la droite, étirer la partie relevée en glissant un doigt entre les épaisseurs et mettre doucement à plat comme sur la partie droite

13 **Pour réaliser** les jambes, effectuer un pli inversé après pré-pliage puis retourner

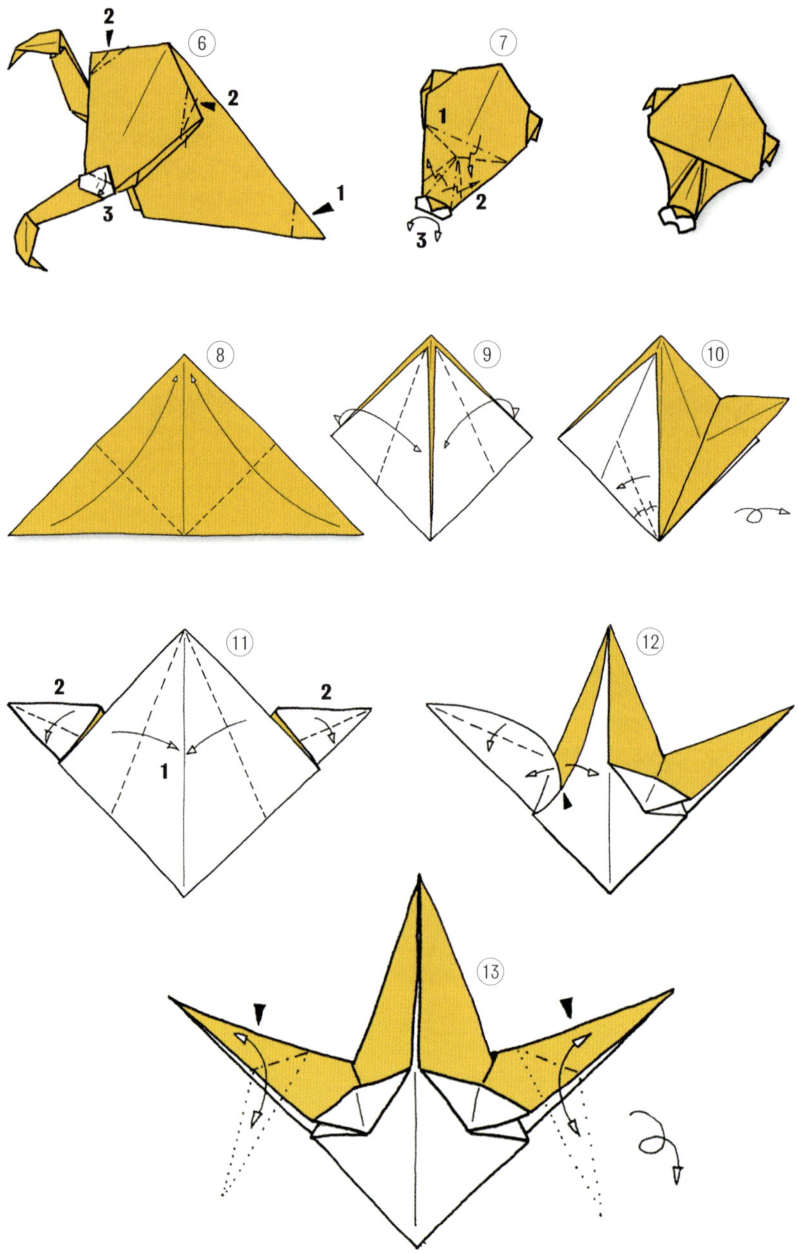

**14** **Plier** le triangle supérieur (**1**) et marquer le carré inférieur (**2**). Réaliser les étapes avant de plier l'ensemble en deux selon l'axe vertical

**Détails de la patte d'assemblage**

**14a** **Remonter** la pointe

**14b** **Marquer** les plis comme à droite

**14c** **Rentrer** les plis par des plis inversés comme à droite

**15** **Découper** la queue (**1**) puis ouvrir l'ensemble (**2**)

**16** **Dégager** la queue puis plier le carré inférieur en deux en emboîtant la partie gauche entre les épaisseurs de la partie droite. L'ensemble se replie automatiquement en deux en volume

**17** **Pour réaliser** les pieds, effectuer des plis inversés intérieurs après pré-pliage

**Détail de l'assemblage**

**18** **Glisser** le losange de la partie inférieure (**1**) entre les épaisseurs centrales de la partie supérieure(**2**). Glisser le pli inversé du pliage supérieur (**3**) dans l'entaille du pliage du bas (**4**).

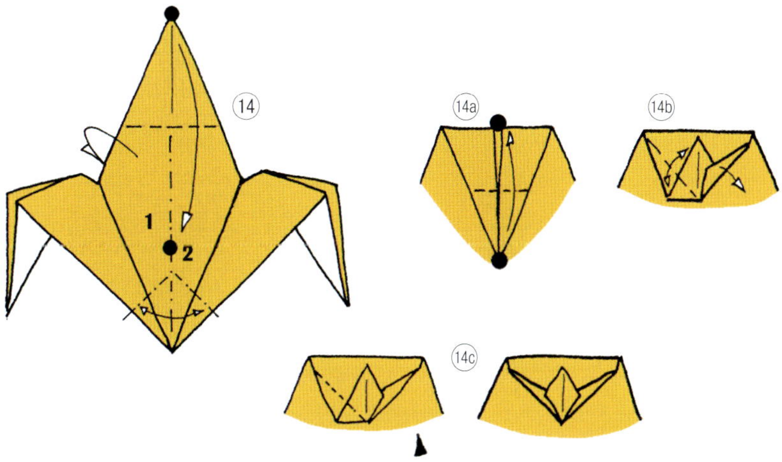


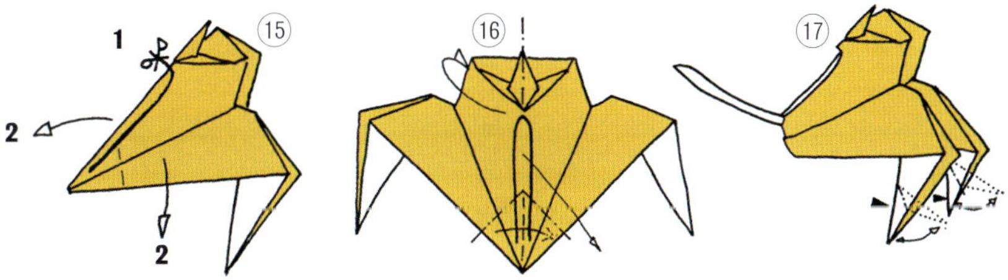


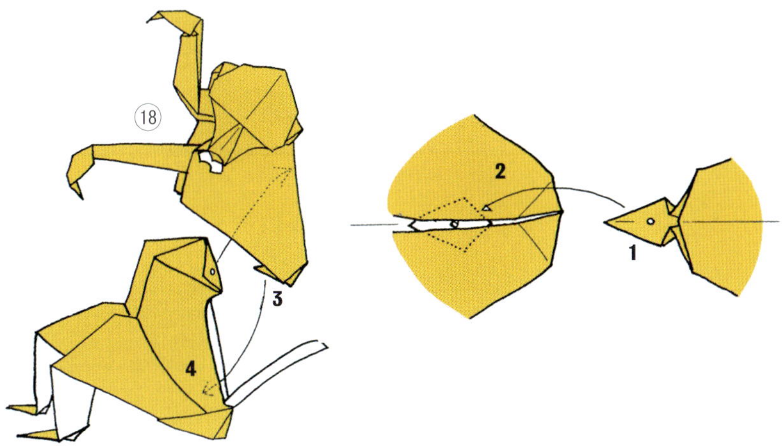

# Pliages utiles ou pour jouer

# Sans escale

Ce modèle japonais est un avion-boomerang qui, une fois lancé, revient à son point de départ en faisant une grande boucle.

Papier recommandé :
voir p. 189 et 192

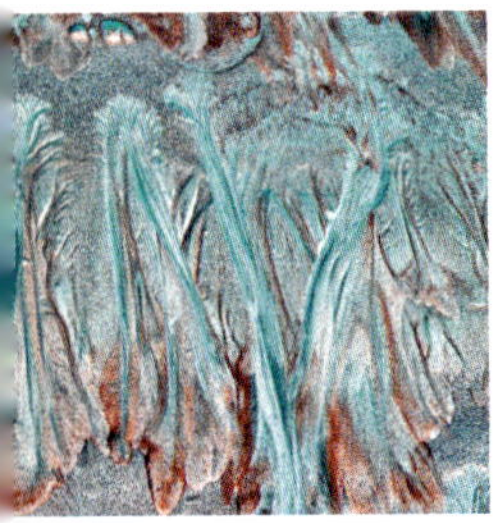

1 **Plier** les côtés sur le centre préalablement marqué

2 **Puis** retourner

3 **Joindre** les points repérables par transparence

4 **Rabattre** les côtés

5 **Remonter** la pointe

6 **Joindre** les côtés au centre

7 **Plier** en deux derrière

8 **Placer** les ailes à la verticale. Tenir au point indiqué pour lancer bras tendu

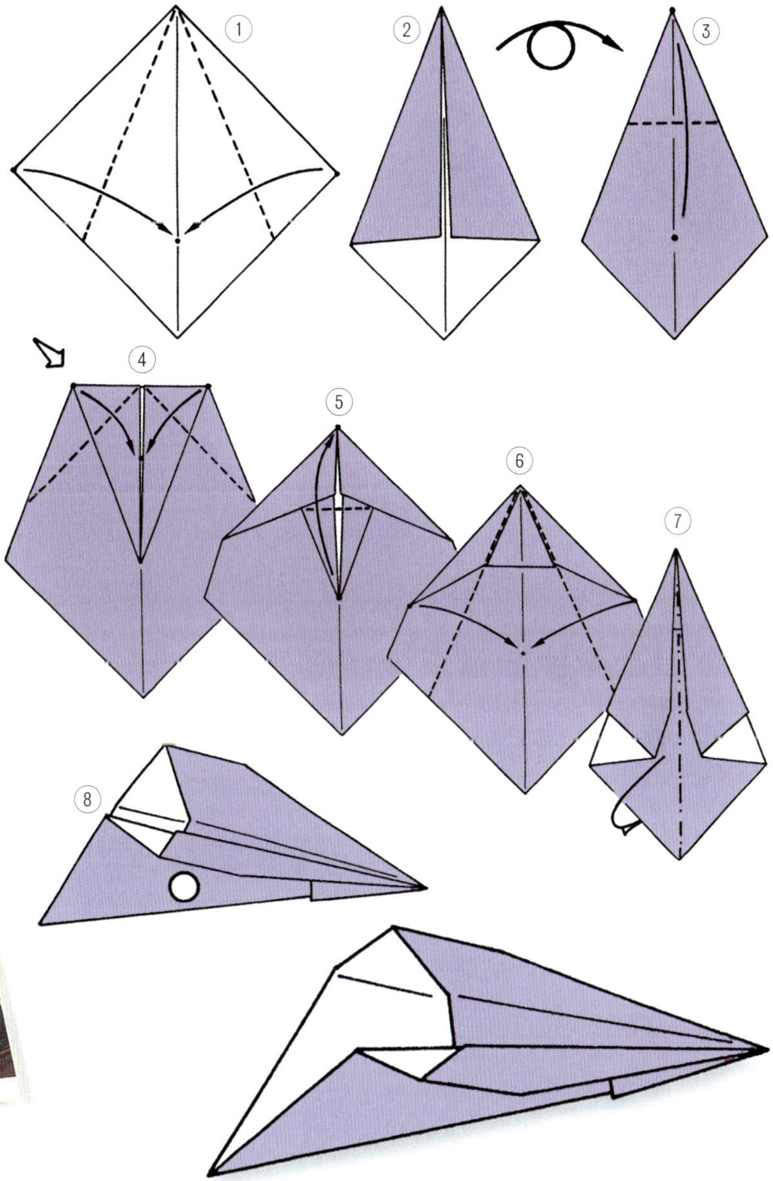

# Décollage immédiat

Grâce à ses larges ailes, ce modèle vole d'une façon stable et très lente. Il est remarquable de simplicité dans son pliage.

Papier recommandé :
voir p. 193 et 196

1 **Marquer** l'axe vertical, puis rabattre les angles

2 **Plier** les pointes jusqu'au point

3 **Plier** en deux les angles, puis pincer la pointe

4 **Rabattre** la pointe à gauche, puis retourner

5 **Joindre** le centre

6 **Pour former** les ailerons, marquer les côtés en joignant les points, puis plier en deux derrière

7 **Rabattre** les ailes vers l'extérieur

8 **Tenir** par dessous et lancer

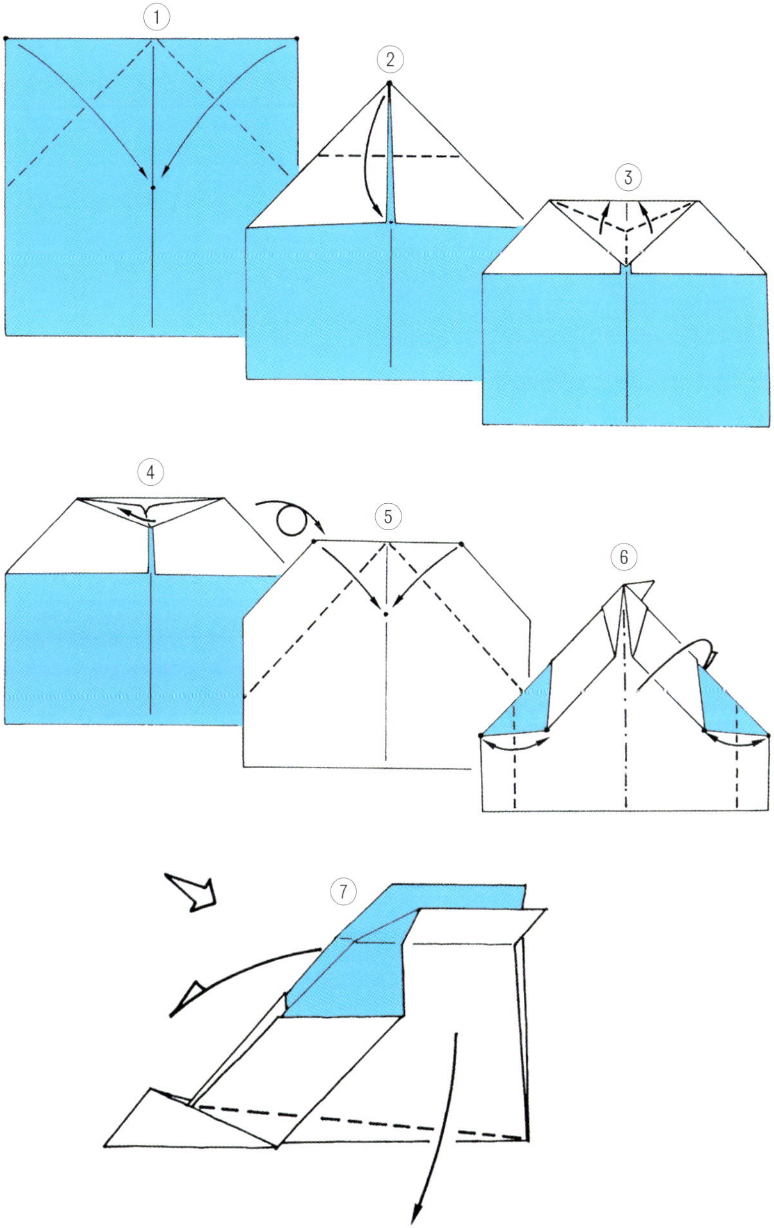


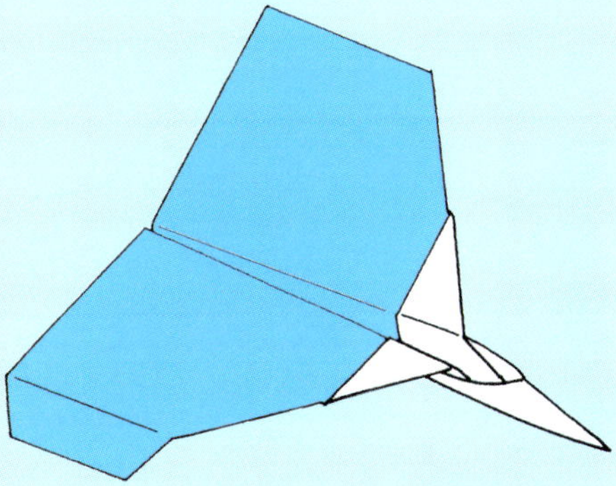

# Survol

Ce modèle traditionnel japonais, réalisé dans un papier étoilé, possède des ailerons qui lui donnent une bonne stabilité de vol.

Papier recommandé :
voir p. 197 et 200

1 **Rabattre** les pointes vers le centre, préalablement plié

2 **Joindre** les points marqués

3 **Rabattre** à nouveau les côtés

4 **Puis** retourner

5 **Plier** en deux

6 **Rabattre** un côté vers l'extérieur

7 **Soulever** les ailerons et plier derrière l'autre côté

8 **Placer** les ailes vers le haut. Tenir l'avion en dessous pour le lancer

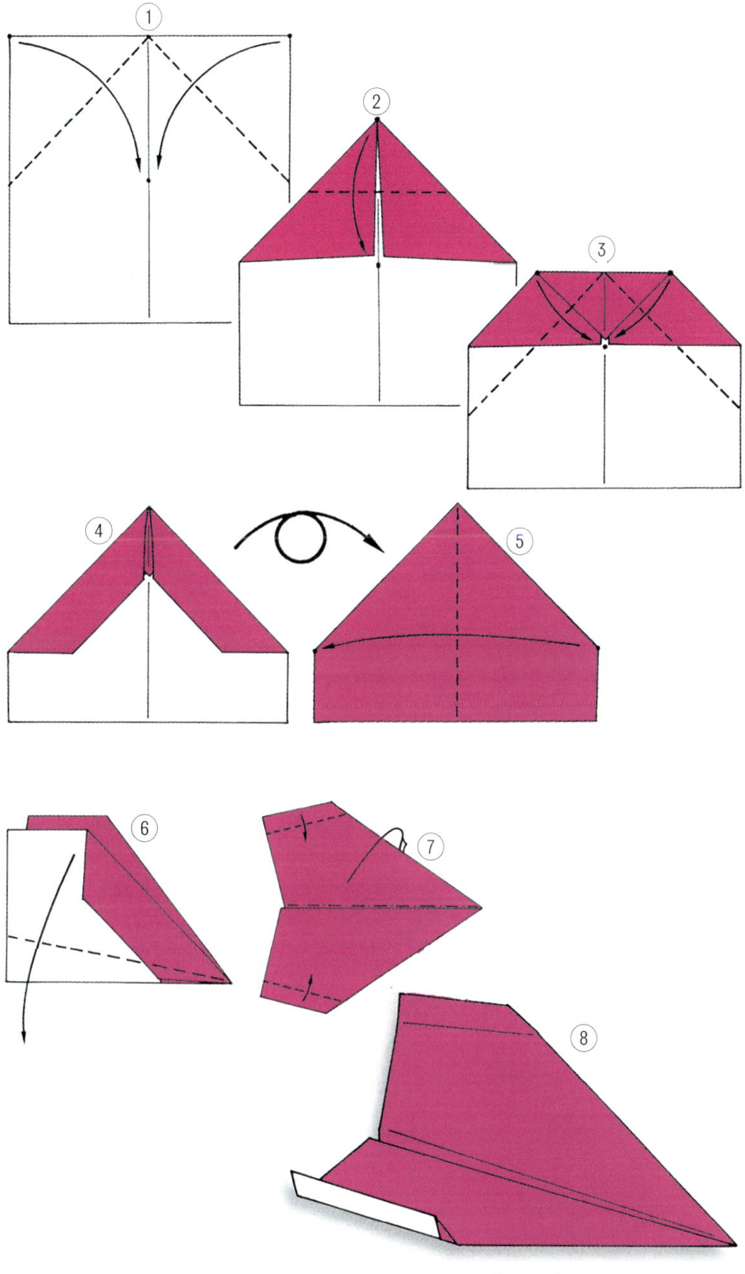

# Atterrissage

Bien qu'il ressemble à une fléchette, il possède un nez renforcé par plusieurs épaisseurs de papier qui lui permet de voler très loin et sans décrochement.

Papier recommandé :
voir p. 201 et 204

1 **Marquer** le pli central vertical, puis plier le quart de la feuille jusqu'au milieu

2 **Marquer** les plis en rabattant les coins au centre, puis déplier

3 **Mettre** les plis dans le bon sens, puis remettre à plat

4 **Remonter** chaque côté

5 **Glisser** les pointes sous la première épaisseur

6 **Plier** les côtés jusqu'au centre

7 **Plier** en deux derrière

8 **Régler** les ailes. Pour lancer l'avion, le tenir au point indiqué

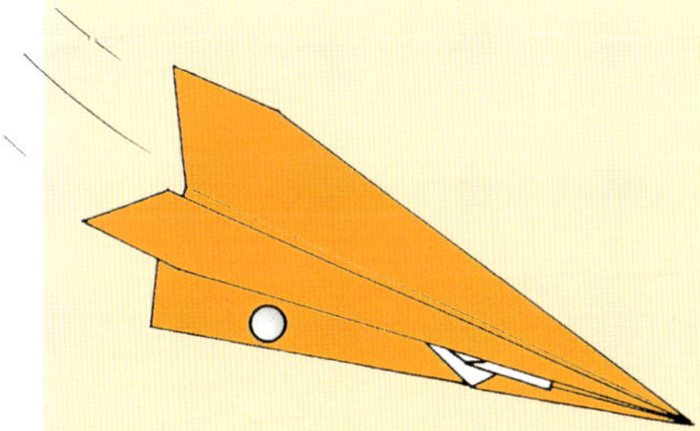

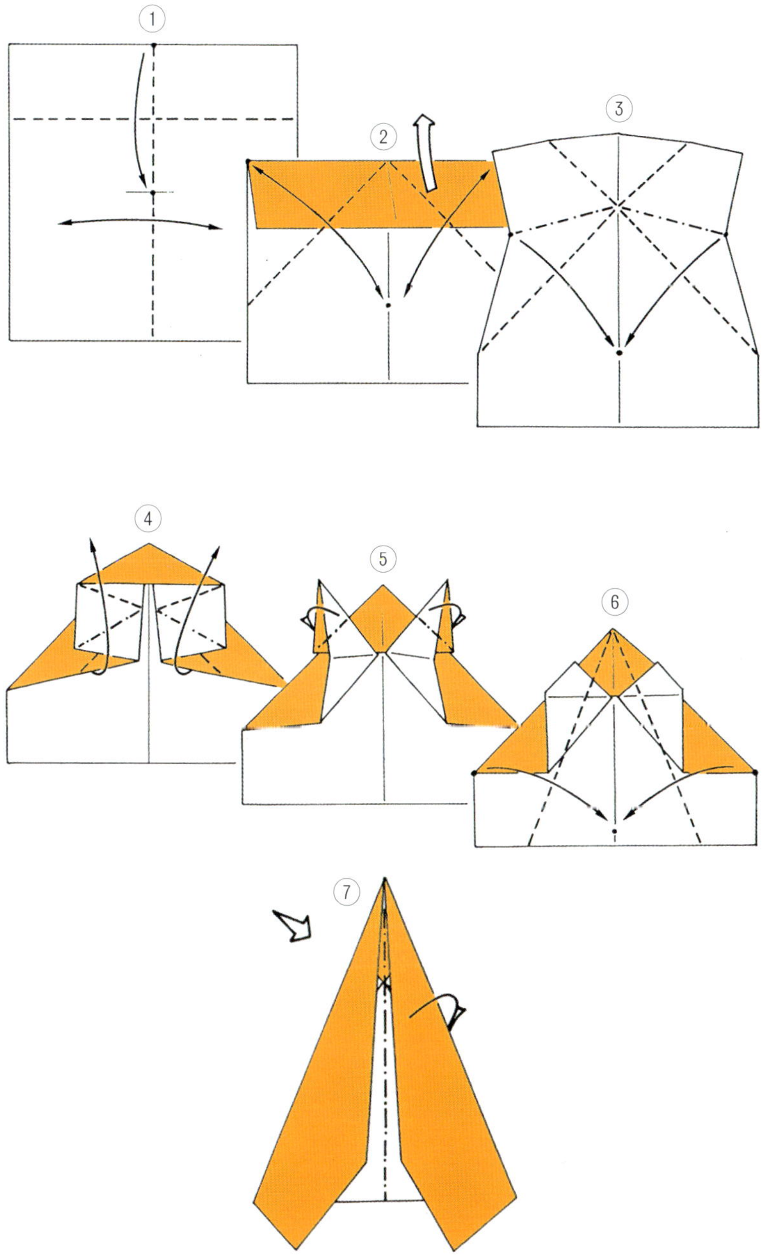

# En coup de vent

Ce modèle, plié dans un papier évoquant le soleil et les vacances, possède des qualités de vol remarquables.

Papier recommandé :
voir p. 205 et 208

1 **Plier** la pointe au quart à droite sans déborder du pli central

2 **Rabattre** l'autre côté

3 **Plier** la pointe, puis déplier le tout

4 **Mettre** les plis comme indiqué, puis replier la pointe centrale...

5 **En introduisant** les côtés l'un dans l'autre

6 **Remonter** la pointe

7 **Plier** en deux derrière

8 **Pabattre** les bords en joignant les points

**Variante**

8a **Rabattre** les bords en joignant les points, puis rabattre deux stabilisateurs

9 **Placer** les ailes légèrement plus haut que l'horizontale ; pour lancer l'avion, le tenir par dessous

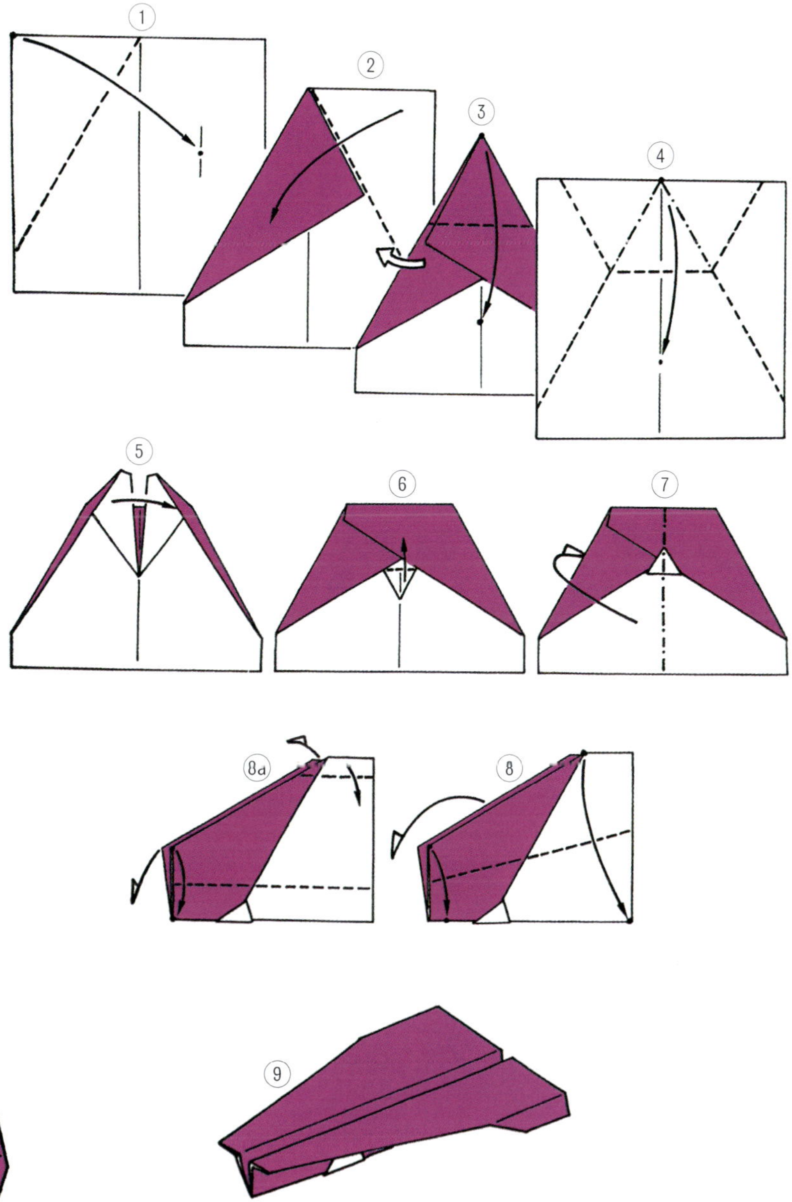


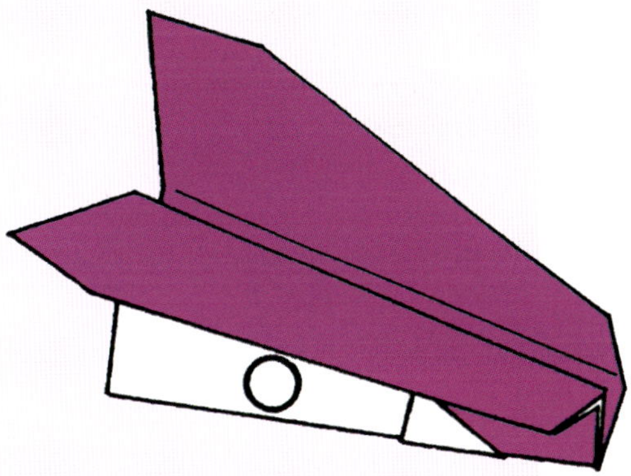

# Balle

Ces balles, plus connues sous le nom de bombe à eau, vous sont proposées dans un papier « serpentin » aux couleurs de fête, pour le jonglage.

Papier recommandé :
voir p. 209 et 212

1 **Marquer** le pli horizontal

2 **Marquer** le pli vertical

3 **Marquer** la première diagonale en pli montagne (voir p. 10)

4 **Puis** la seconde de la même façon

5 **On obtient** ceci

6 **Prendre** le carré à deux mains, creuser les côtés et aplatir

7 **Pour obtenir** un triangle

8 **Remonter** les côtés

9 **Rabattre** les côtés au centre

10 **Replier** les pointes du haut

11 **Glisser** les triangles dans les poches des côtés

12 **Comme** ceci, puis retourner

13 **Répéter** les étapes de 8 à 12 sur l'autre face

14 **Pour mettre** en volume, souffler d'un coup sec à l'extrémité

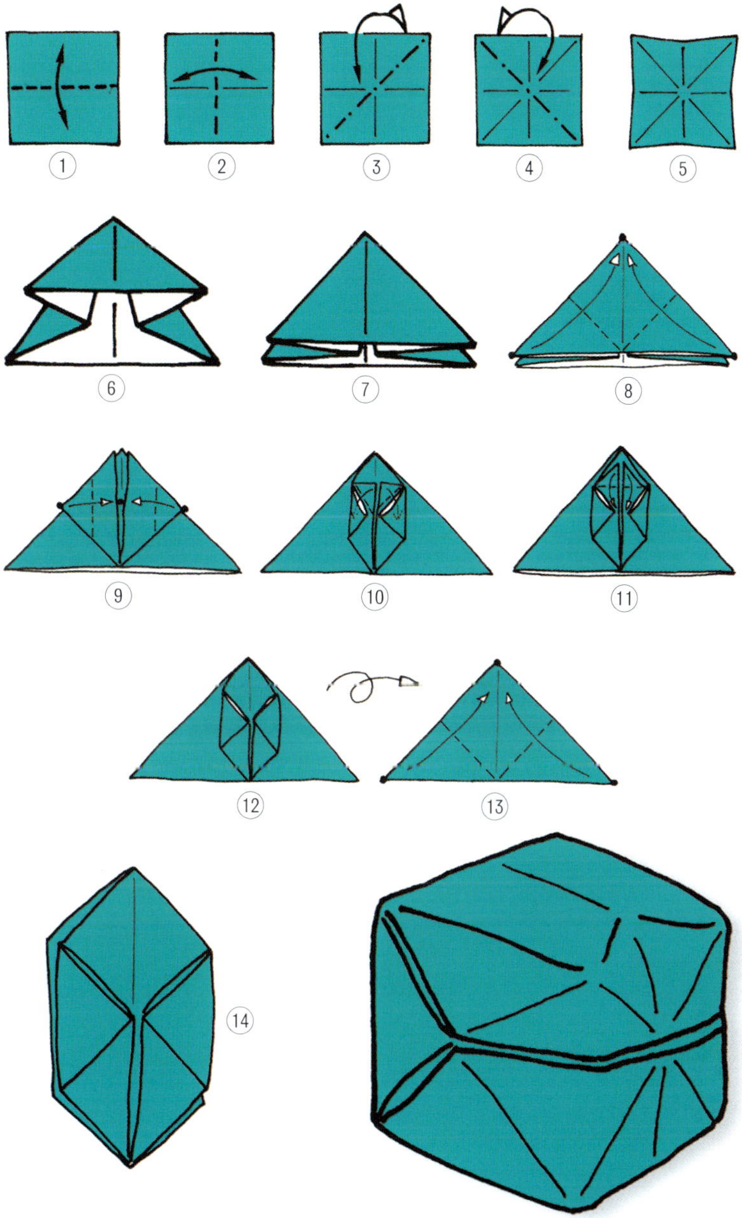

# Une bouche gourmande

Voici une jolie bouche gourmande pliée dans un papier « fraises » à qui il ne manque plus que la parole !

Papier recommandé : voir p. 213 et 216

1 **Marquer** le pli horizontal, puis le plier en deux vers la droite

2 **Marquer** les plis en joignant les côtés le long du pli central

3 **Plier** les quatre coins puis déplier les coins du côté droit

4 **Côté gauche,** plier le long du bord extérieur. Côté droit, plier la première épaisseur le long du pli marqué puis répèter derrière

5 **Déplier** les coins de gauche puis ouvrir le pliage

6 **Replier** les côtés le long du pli central

7 **Marquer** aux quatre coins le pli le long de la surépaisseur

8 **Rabattre** les coins en effectuant un pli inversé intérieur (voir p. 11)

9 **Pour** bloquer les côtés, inverser les languettes en les pliant à l'intérieur, sous les épaisseurs

10 **Pour** former la bouche, soulever les triangles comme indiqué puis plier en deux

11 **Rentrer** les bords

**Pour faire parler la bouche,** tenir le pliage aux points indiqués, puis rapprocher et éloigner légèrement les mains

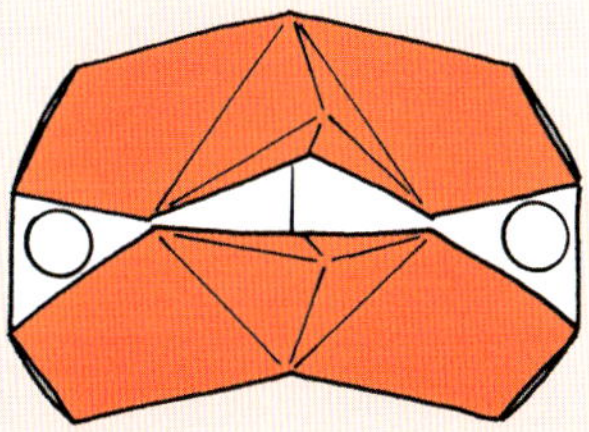

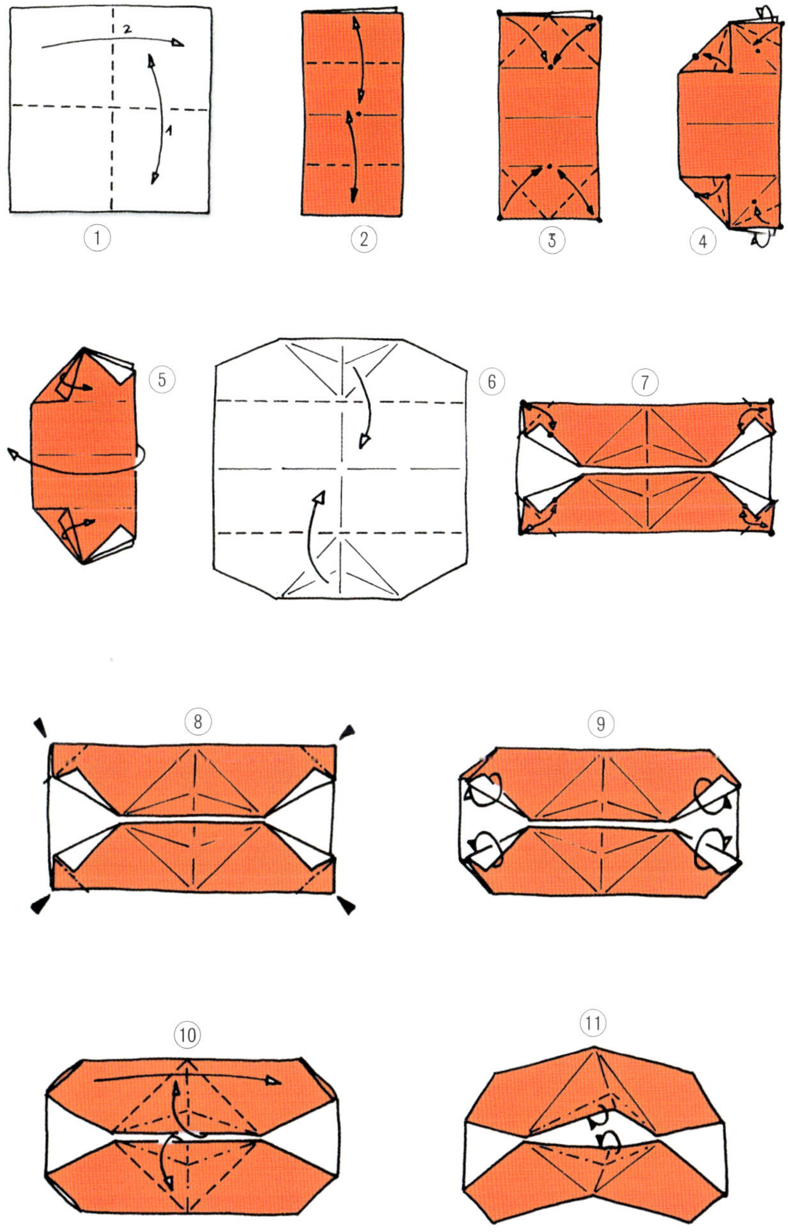

# Boîte au carré

Une boîte élégante réalisée en « papier froissé ». Pour recueillir pots-pourris, bonbons, crayons... osez tous les styles de motifs.

Papier recommandé :
voir p. 217 et 220

1 **Marquer** le pli vertical et le pli horizontal, déplier

2 **Plier** en deux en joignant les points

3 **Marquer** les plis en rabattant les côtés sur le centre

4 **Rabattre** le côté gauche en joignant les points

5 **Plier** les deux coins

6 **Puis rabattre** le côté vers la gauche

7 **Rabattre** le côté droit en joignant les points

8 **Plier** les deux coins, puis rabattre vers la droite

9 **Ouvrir** en appuyant sur les côtés

10 **Mettre** à plat en joignant les points

11 **Pour mettre** en volume la boîte, pincer les côtés

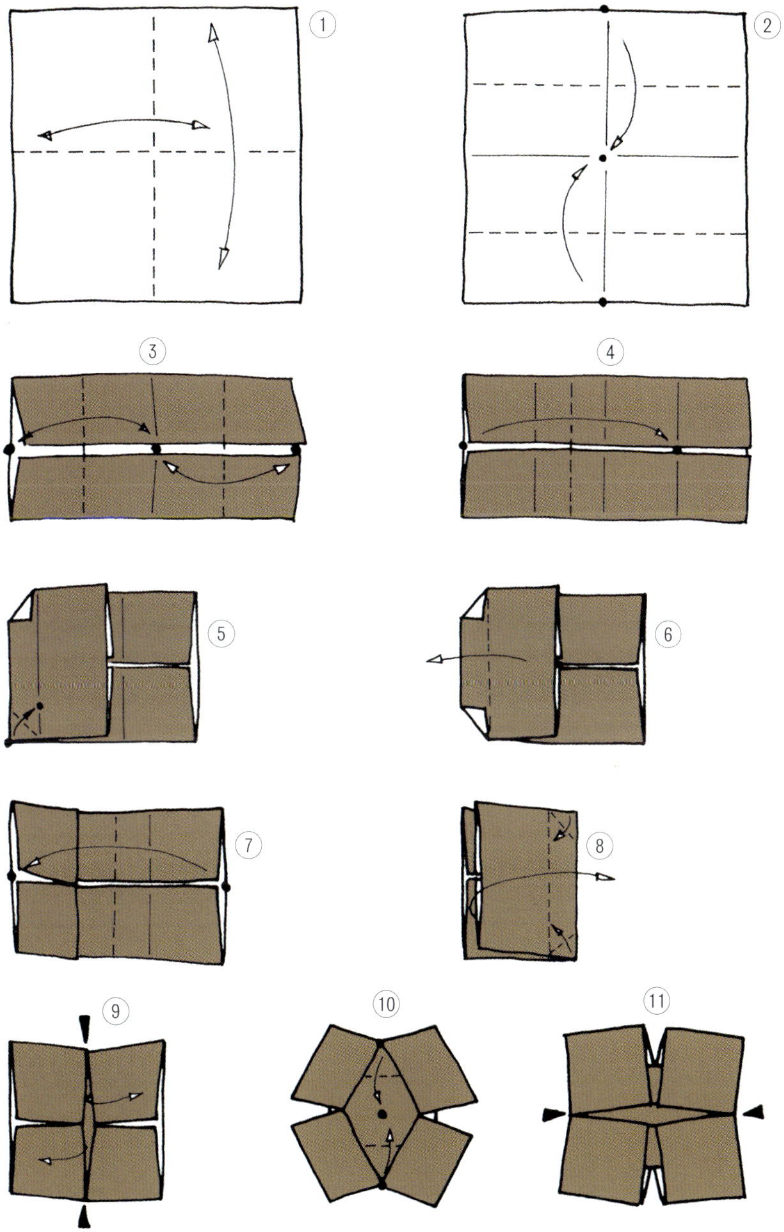

# Récipient

Ce récipient rempli de cacahuètes donne un étonnant effet d'optique. Remplissez-le selon vos envies.

Papier recommandé :
voir p. 221 et 224

1 **Marquer** les diagonales

2 **Plier** l'angle en deux, sans marquer l'extrémité

3 **Puis rabattre** la pointe le long de la diagonale, marquer uniquement le pli intérieur puis déplier

4 **Répéter** les étapes 2 et 3 sur les trois autres côtés puis plier chaque côté comme en 3

5 **Placer** les pointes à l'intérieur

6 **Marquer** le fond en carré pour obtenir un récipient

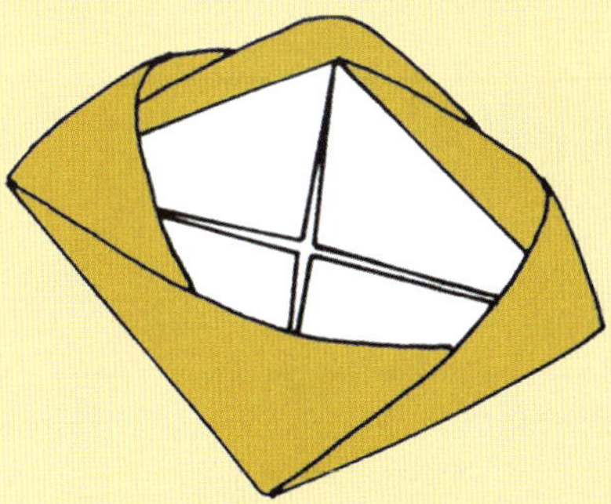

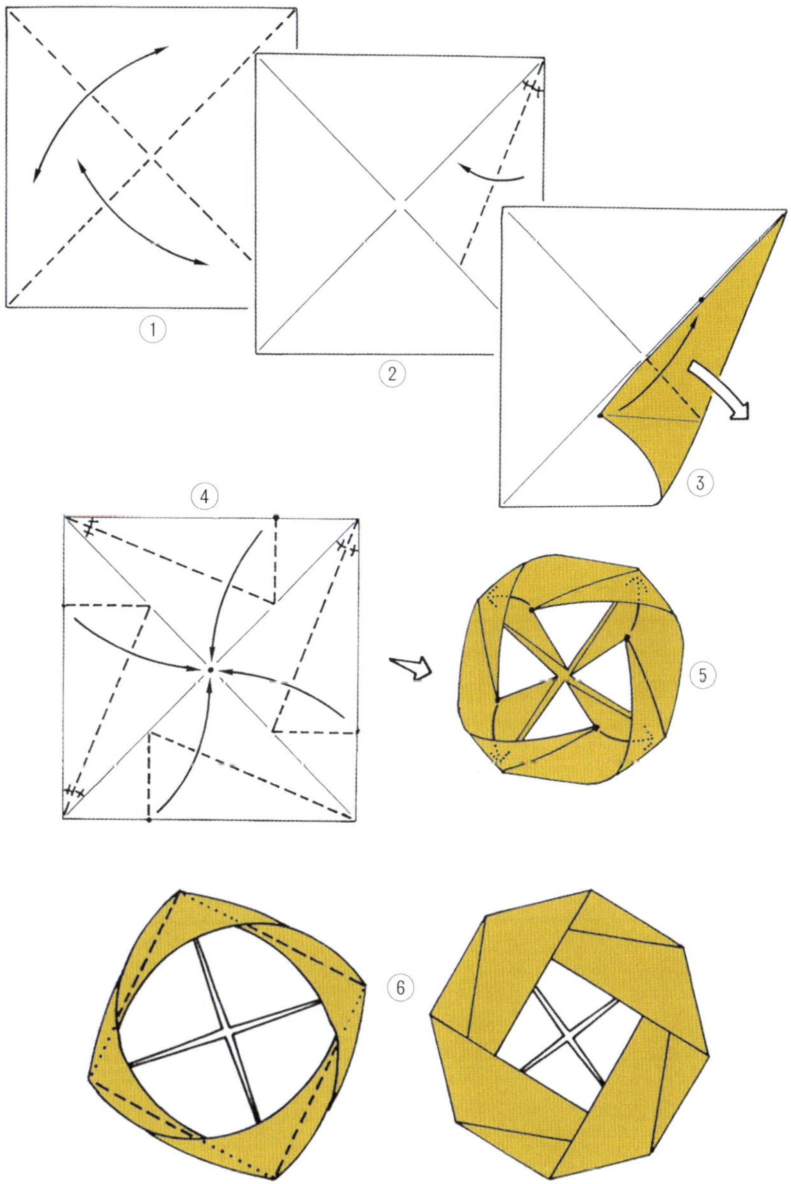

# Coupelle

Cette coupelle aux lignes épurées peut se réaliser dans un papier imitation bois vert, ou de toute autre couleur, pour un effet des plus actuels.

Papier recommandé :
voir p. 225 et 228

1 **Pincer** les diagonales pour repérer le centre puis joindre les quatre coins au point central

2 **Comme** ceci, puis retourner

3 **Plier** jusqu'au centre en dégageant les pointes arrière

4 **Replacer** les pointes derrière

5 **Plier** jusqu'au centre les deux autres côtés en dégageant les pointes arrière

6 **Comme** ceci, puis ouvrir complètement

7 **Marquer** les plis

8 **Mettre** en volume puis voir le détail

9 **Plier** le carré et le triangle en joignant les points

10 **Avant de rentrer** la languette, creuser la partie droite

11 **Comme** ceci, puis répéter sur les trois autres côtés

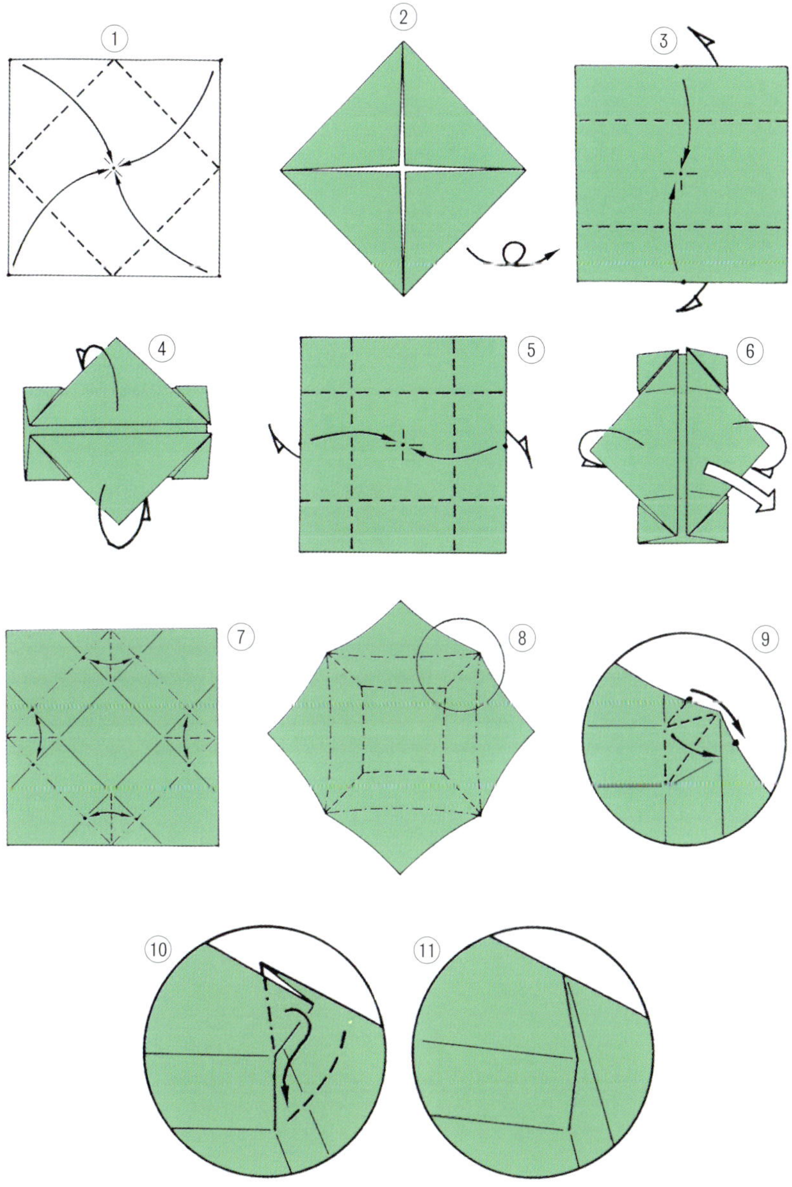


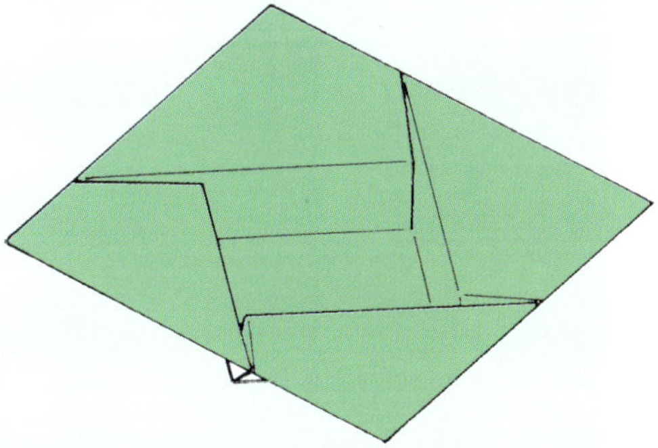

# Moulin à vent

Ce modèle, lancé d'une certaine hauteur, tourne à une vitesse de plus en plus grande grâce à ses pales courbées qui enrobent l'air dans sa chute.

Papier recommandé :
voir p. 229 et 232

1 **Joindre** les pointes deux à deux pour marquer les plis, puis retourner

2 **Marquer** les plis en pliant en deux, puis retourner

3 **Joindre** les quatre pointes

4 **Comme** ceci

5 **Marquer** les deux côtés, puis répéter derrière

6 **Ouvrir** complètement en inversant le sens

7 **Mettre** dans le bon sens les plis

8 **Marquer** les côtés en faisant coïncider les bords

9 **Plier** chaque côté en rabattant dessous à l'intérieur. Le modèle est en tension au dernier côté plié

10 **Le moulin tourne** dans sa chute ; sinon, le placer sur une tige fine, puis souffler

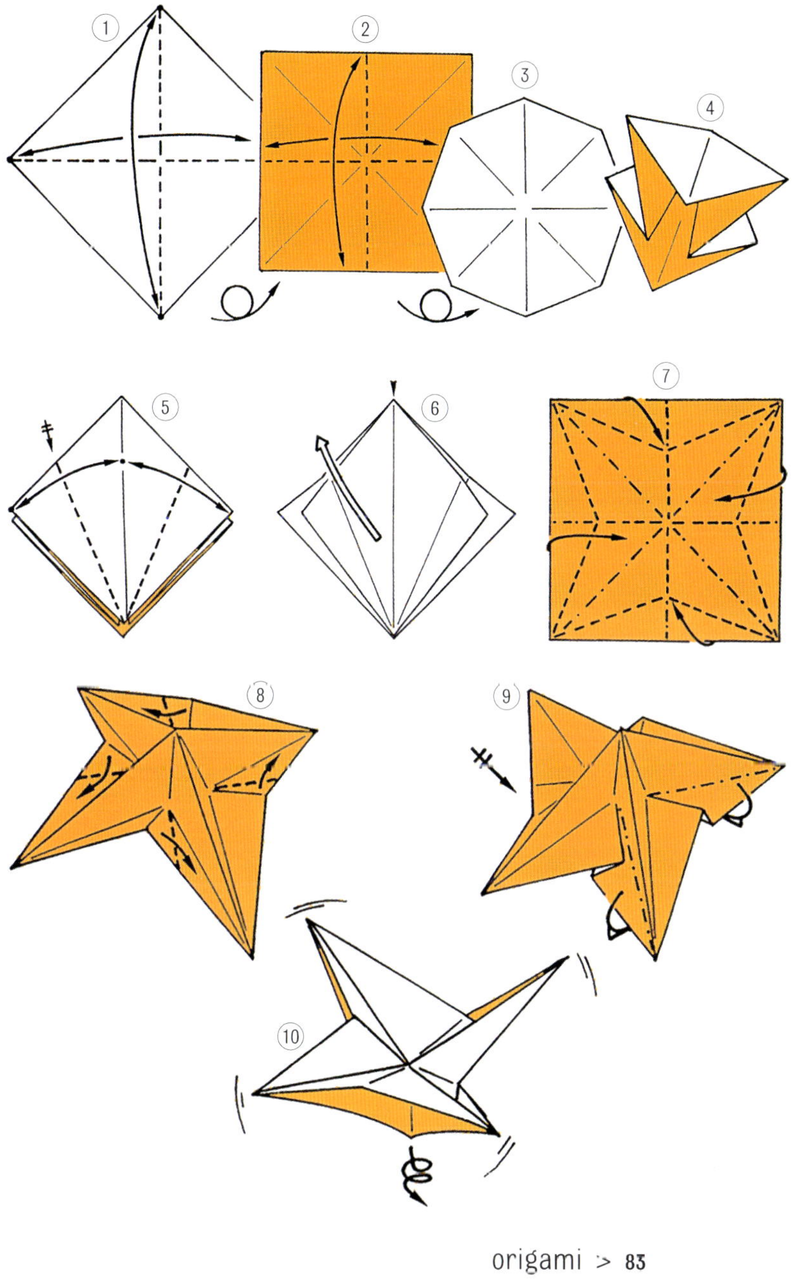

# Frisbee

Du fait de sa légèreté ce frisbee n'est utilisable qu'à l'intérieur. À vous de jouer en le réalisant dans un mélange de papiers différents pour un effet bien coloré.

Papier recommandé :
voir p.233 à 264
utiliser huit carrés de papier

1 **Plier** le carré en deux comme indiqué

2 **Marquer** le côté droit en pliant l'angle en deux sur une épaisseur

3 **Rabattre** la pointe sur la marque

4 **Marquer** toutes les épaisseurs

5 **Déplier** la pointe, puis la rentrer en ouvrant légèrement (voir p. 11 pli inversé intérieur)

6 **Marquer** la moitié comme indiqué, puis rabattre une pointe

7 **En plier** huit au total ; emboîter un autre élément par sa pointe

8 **Puis,** une fois celui-ci placé à l'intérieur, rabattre les triangles devant et derrière à l'intérieur pour bloquer l'ensemble

9 **Comme** ceci

10 **La couronne terminée,** marquer un léger bord, puis retourner le tout. Le frisbee est prêt à être lancé

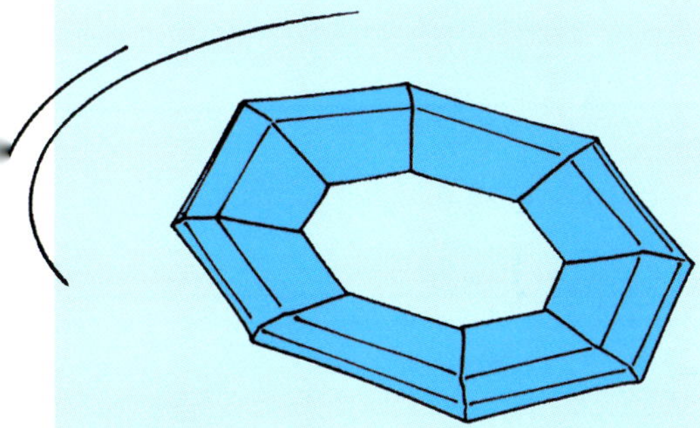

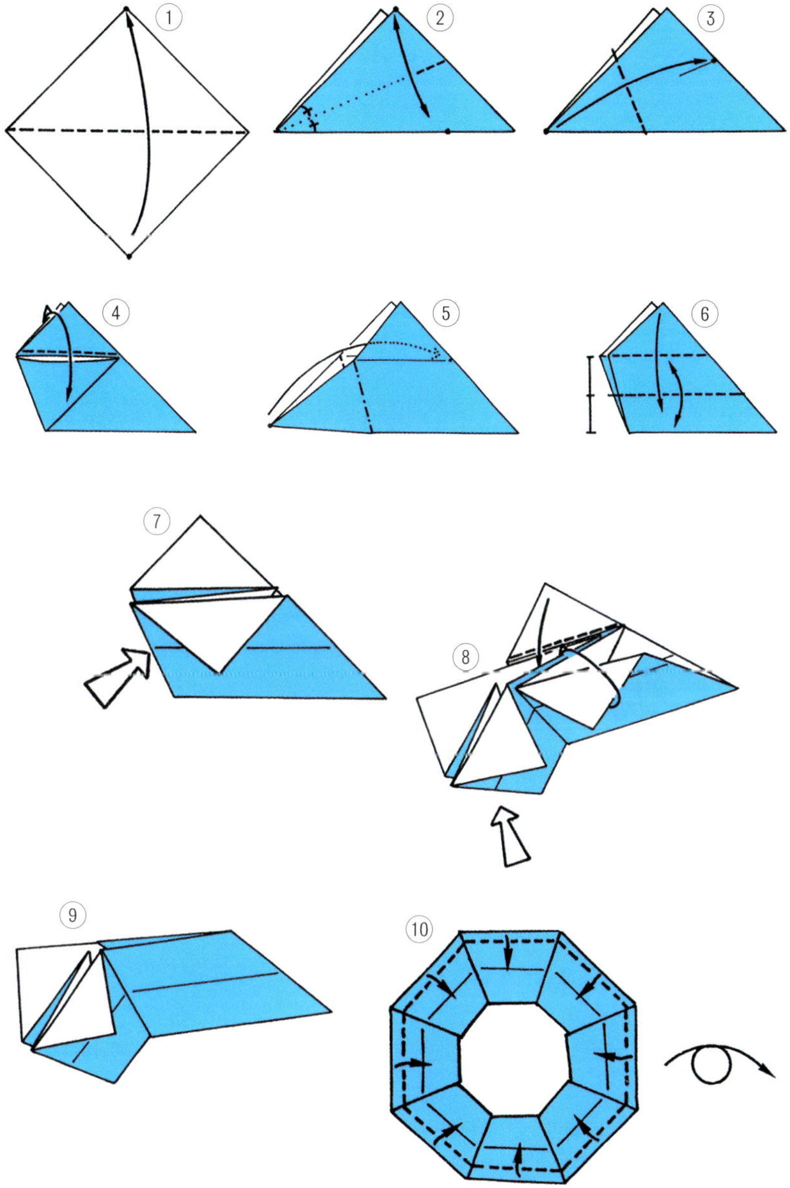

# Escadrille

Cet avion est un modèle chinois traditionnel. L'assemblage de plusieurs petits avions sur un plus grand donne un effet de puissance à l'ensemble.

Papier recommandé :
voir p. 265, 268, 269 et 272
utiliser deux carrés de papier

1 **Marquer** le milieu dans les deux sens

2 **Puis** les diagonales en plis opposés, ramener les demi-diagonales deux à deux

3 **Remonter** les pointes

4 **Ramener** au centre les côtés

5 **Basculer** la pointe derrière

6 **Puis** retourner

7 **Ramener** les deux points au centre

8 **Enrouler** serré un rectangle de même papier de format 1/3-2/3 du carré initial

9 **Glisser** la tige entre les deux épaisseurs du dessous, puis rabattre les côtés sous la pointe

10 **Ramener** les pointes intérieures aussi loin que possible

11 **Plier** les ailerons. Placer d'autres avions plus petits sous les ailes

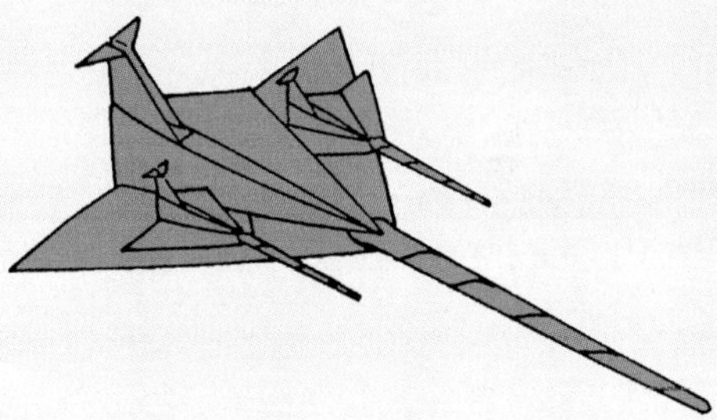

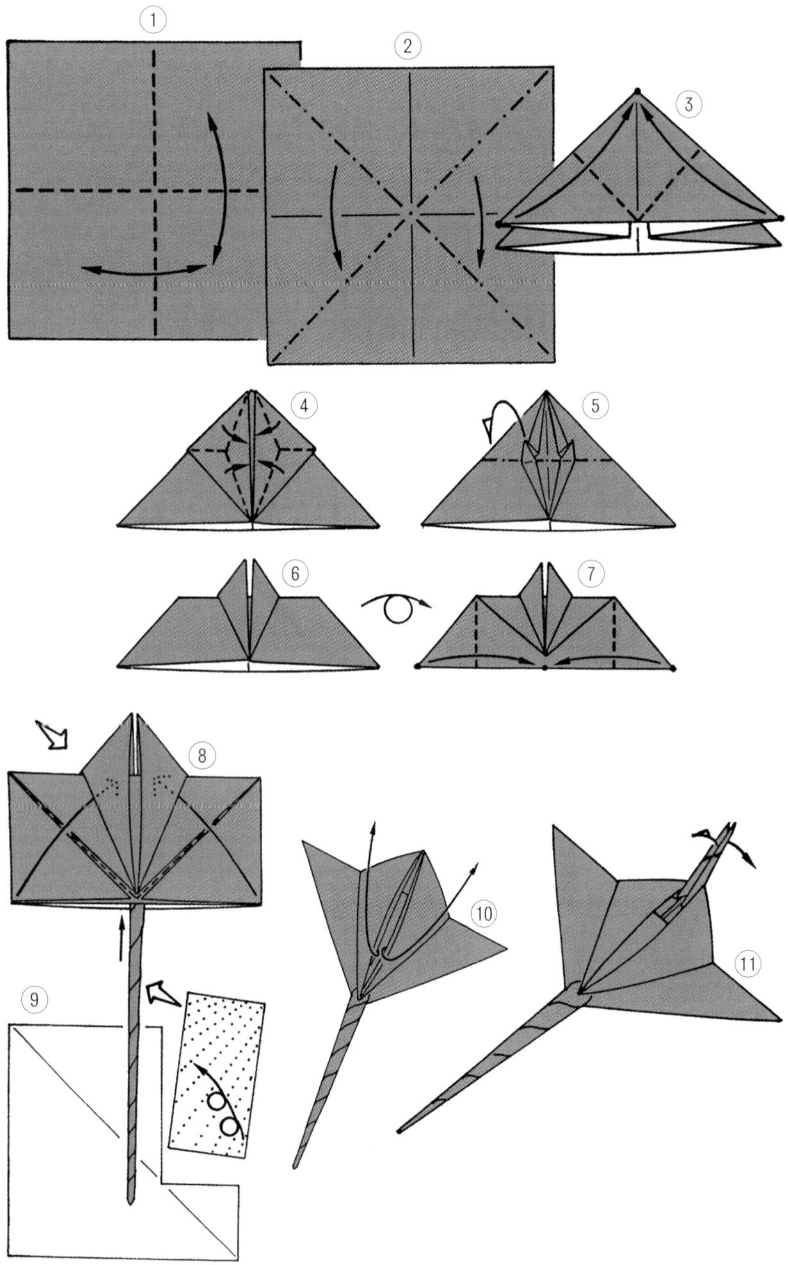

# Marque - page

Cette petite fleur de lotus accompagne tous vos bons moments de lecture. Pour un effet très tendance, ce marque-page vous est proposé dans un papier « patchwork magazine ».

Papier recommandé :
voir p. 273 et 276

1 **Marquer** les diagonales en pli montagne

2 **Marquer** le milieu en pli vallée puis mettre en volume sur la base de la bombe à eau (voir p. 12)

3 **Remonter** les pointes aux points marqués

4 **Puis** les deux autres pointes en les décalant

5 **Comme** ceci, puis déplier complètement

6 **Placer** les triangles du dessus à l'intérieur de ceux de dessous

7 **Rabattre** les quatre pointes derrière puis remettre dans ses plis

8 **Glisser** le marque-page dans l'angle d'un livre

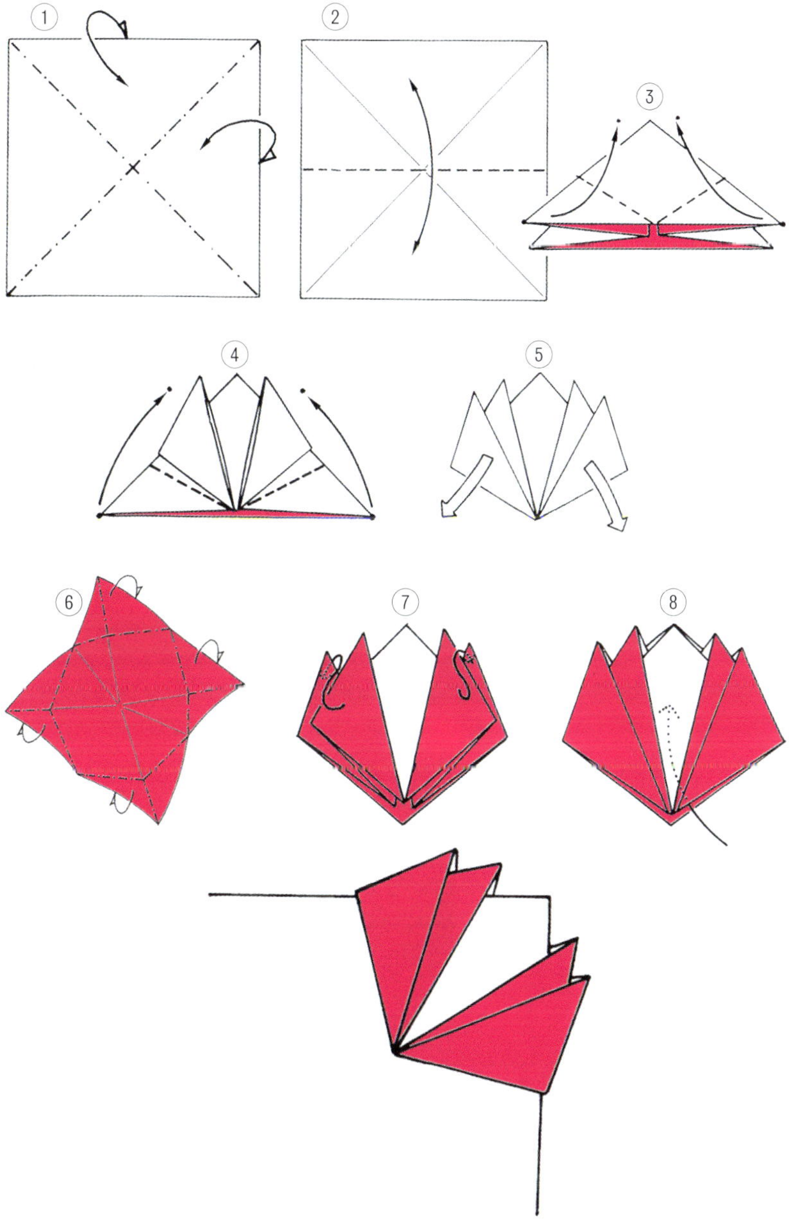

# Le petit cadre photo

Un petit cadre patchwork qui permet de glisser la photo de vos proches ou vos souvenirs de vacances.

Papier recommandé :
voir p. 277, 280, 281 et 284
utiliser deux carrés de papier

1 **Marquer** le milieu du carré d'un léger pli sur les quatre côtés

2 **Prendre** un autre carré et marquer légèrement ses quatre coins d'un pli

3 **Placer** le carré marqué aux angles sous l'autre carré en faisant coïncider leurs plis, rabattre les quatre coins du dessous sur le carré du dessus

4 **Rabattre** les bandes supérieure et inférieure en joignant les points comme indiqué

5 **Marquer** les deux bandes des côtés d'un pli en joignant les points, déplier, puis replier en glissant les coins sous la première épaisseur

6 **Glisser** une photo à l'intérieur du cadre

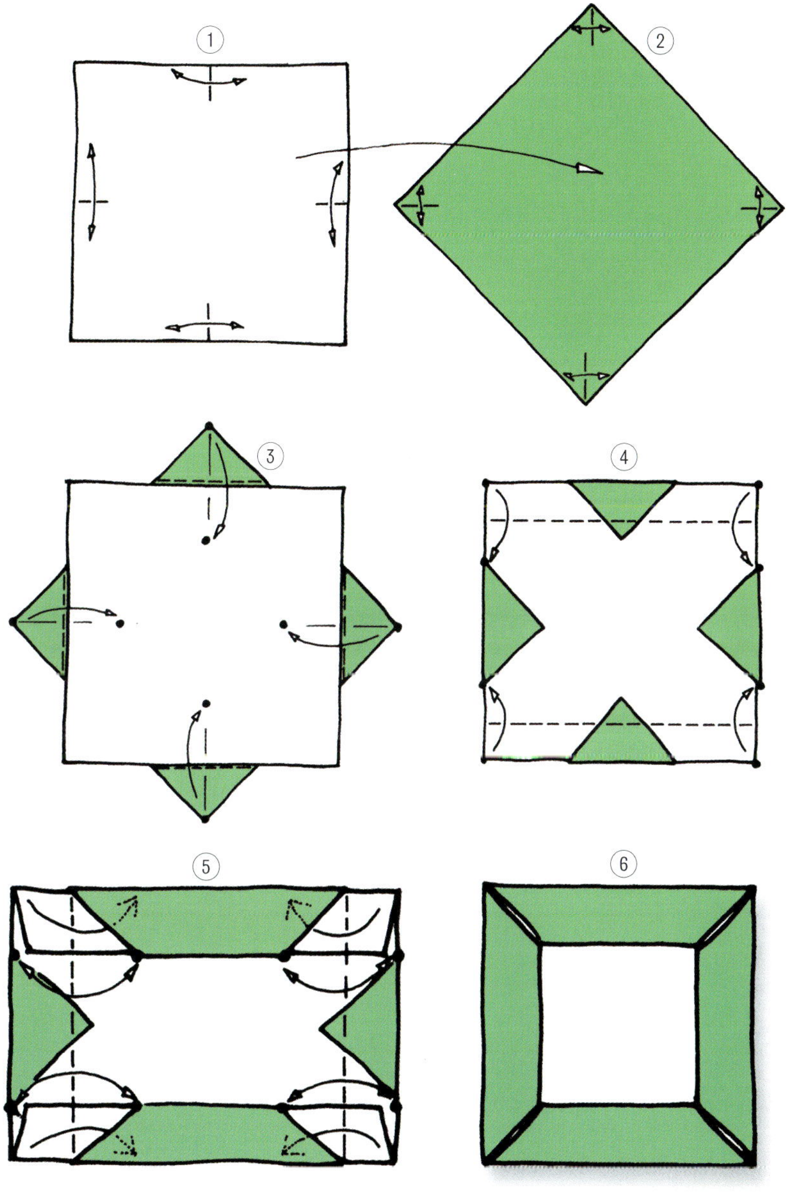

# Z'ailés ou à plumes

# La chouette

Comme l'évoque ce papier, la chouette est un oiseau nocturne au plumage éclatant qui vit la nuit, au creux des arbres.

Papier recommandé :
voir p. 285 et 288

1 **Plier** un carré en deux en joignant les points

2 **Plier** le côté gauche puis le côté droit en joignant les points situés sur une horizontale

3 **Rabattre** un côté vers la droite

4 **Puis** l'autre vers la gauche

5 **Tenir** sur un point d'une main et remonter chaque pointe en glissant le pouce à l'intérieur pour effectuer le repli

6 **Comme** ceci, puis retourner le pliage

7 **Rabattre** vers le bas la partie haute

8 **Á partir du centre,** replier un triangle de chaque côté

9 **Effectuer** un repli pour former le bec

10 **Former** les yeux en glissant le bout du doigt dans les deux longueurs à l'arrière du bec, puis replier les côtés et le bas à l'intérieur. Pour que la chouette tienne debout, ouvrir légèrement la base et courber les ailes

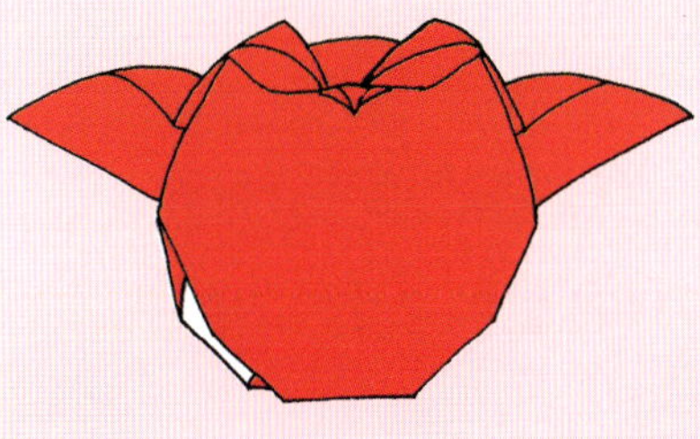

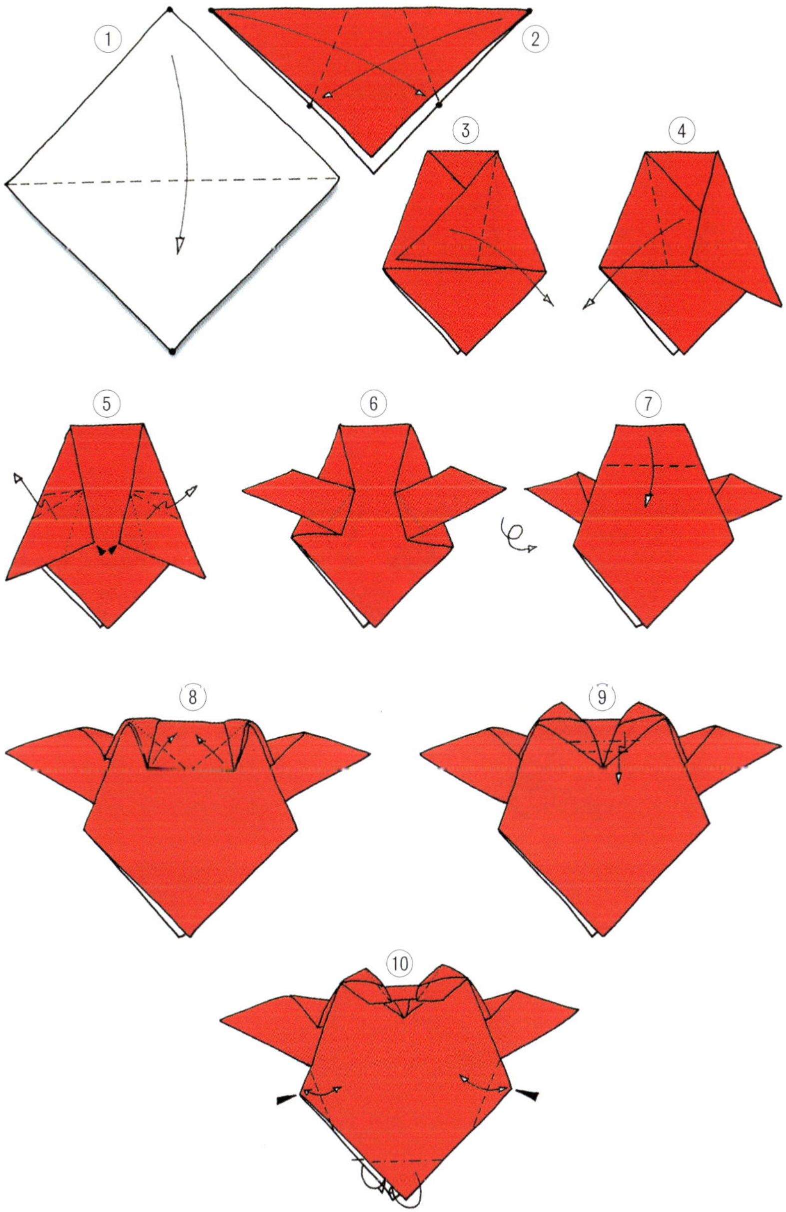

# Le papillon

Ce petit animal, plié dans un papier « farfalle », qui signifie papillon en italien, porte bien son motif !

Papier recommandé :
voir p. 289 et 292

1 **Plier** en deux un carré de papier

2 **Plier** en deux de nouveau

3 **Pour faire** les antennes, couper la bordure sur toutes les épaisseurs

4 **Remonter** une épaisseur en joignant les points

5 **Faire** un repli en rabattant le triangle vers le bas

6 **Remonter** vers le haut en joignant les points

7 **Couper** sur le gros trait puis retourner le pliage

8 **Plier** en deux

9 **Découper** sur les gros traits toutes les épaisseurs

10 **Plier** en biais la première aile

11 **Comme** ceci, puis retourner le pliage

12 **Plier** l'autre aile en joignant les points

13 **Ouvrir** le papillon en plaçant ses antennes en l'air

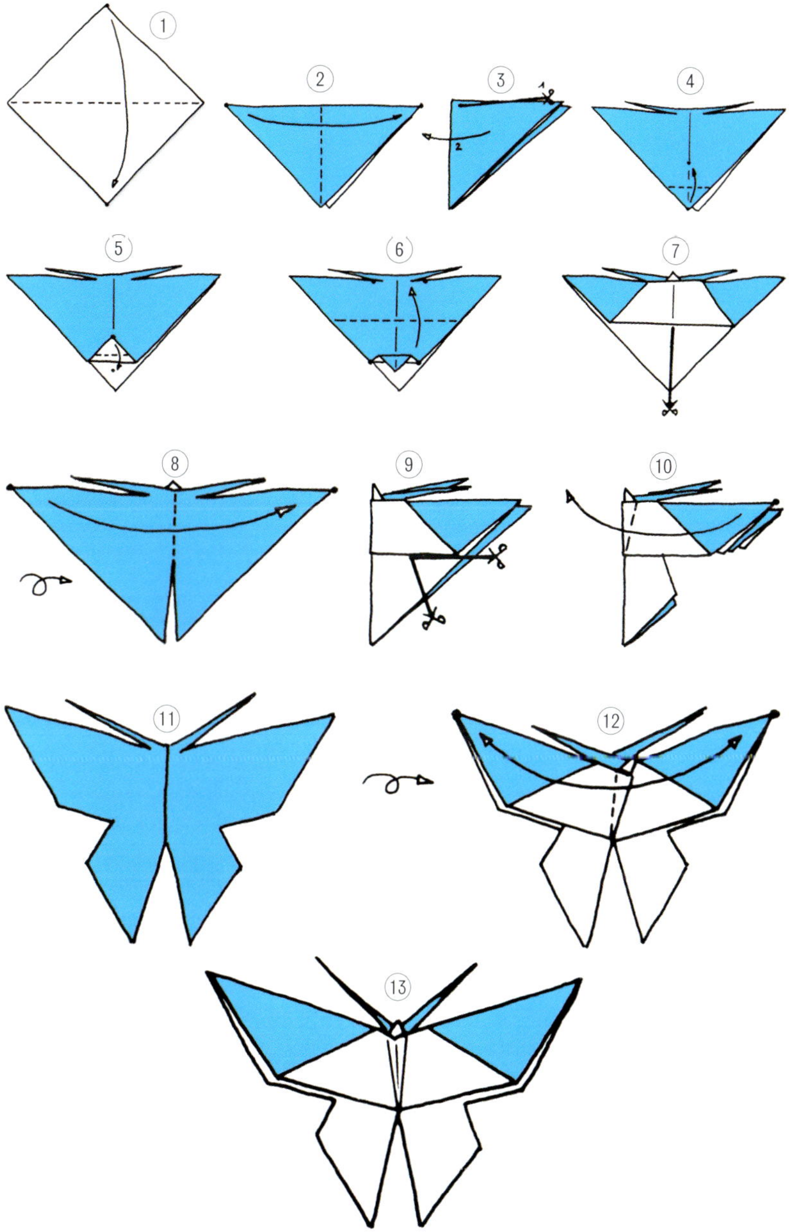

# Le perroquet

Un perroquet bien coloré à faire tenir sur son perchoir en repliant l'extrémité de ses serres. Pour réaliser ce pliage, partez de la base de l'oiseau, logique...

Papier recommandé : voir p. 293 et 296

1 **Préparer** une base de l'oiseau (voir p. 14). Remonter une pointe sur chaque face

2 **Tourner** un feuillet sur chaque face

3 **Découper** toutes les épaisseurs le long du trait fort puis tourner les feuillets comme à l'étape précédente

4 **Pré-plier** les deux pointes du bas en les pliant à l'horizontale. Remonter celle de gauche à la verticale puis appuyer sur le pli central pour effectuer un pli aplati

5 **Marquer** les plis puis rentrer les côtés en pli inversé

**Détail des pattes**

5a **Basculer** la pointe vers la gauche puis répéter les étapes précédentes pour la pointe de droite

6 **Replier** les pointes en deux

7 **Ouvrir** la partie centrale. Rabattre les pointes vers le bas en les pliant entre les épaisseurs comme à droite

8 **Pour** réaliser les pattes, faire des plis inversés après un pré-pliage puis retourner l'ensemble

9 **Rabattre** une pointe en bas

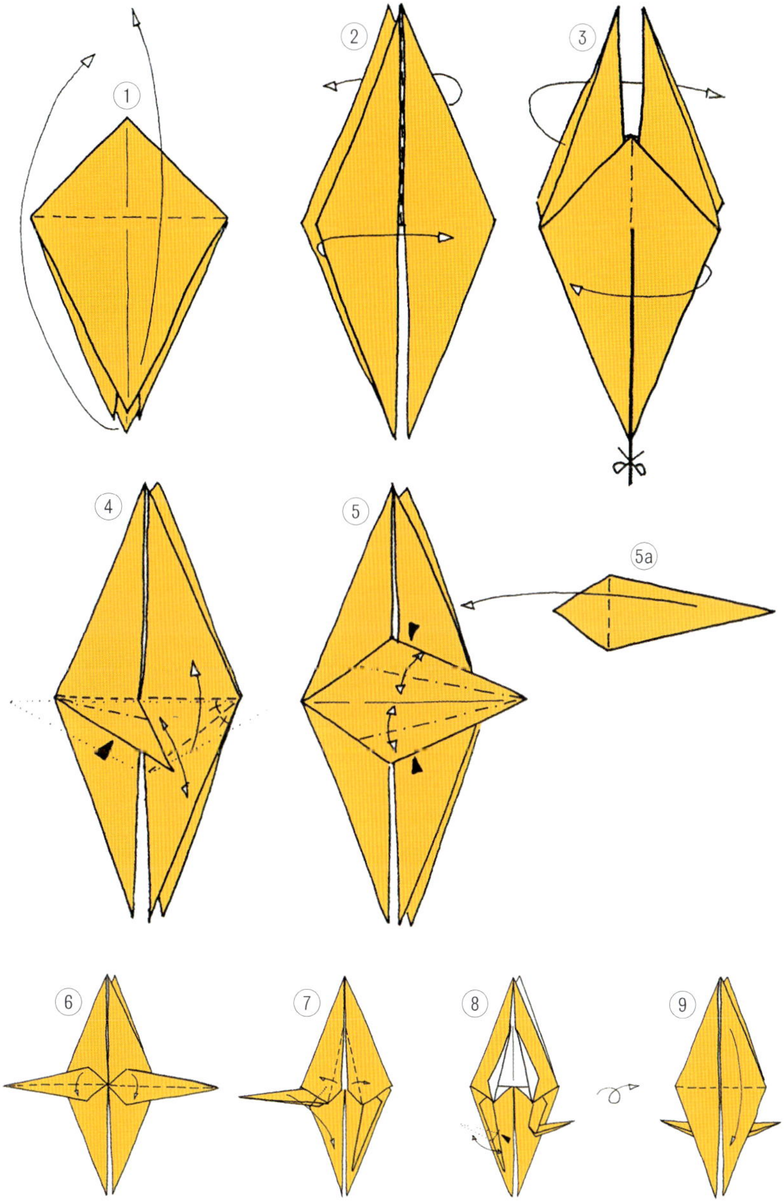

# Le perroquet (suite)

**10** **Remonter** la pointe en joignant les points

**11** **Rabattre** vers le bas les deux pointes ensemble

**12** **Plier** en deux vers l'arrière

**13** **Pour réaliser** la tête, effectuer un pli inversé extérieur (voir p. 11) après un pré-pliage. Pour les pattes, plier en pli inversé intérieur

### Détails de la tête

**13a** **Effectuer** un pré-pliage du bec puis rabattre la pointe vers le bas en la tenant au point indiqué

**13b** **Pré-plier** de nouveau le bec (**1**). Rentrer l'angle en pli inversé (**2**). Effectuer un pli inversé de la pointe des joues après un pré-pliage (**3**). Mettre le front en forme

**13c** **Finir** le bec par un pli inversé extérieur

### Détail des pattes

**13d** **Replier** l'extrémité des pattes en pli inversé pour que l'oiseau puisse tenir sur son perchoir

**14** **Rentrer** les côtés. Pour les finitions, modeler la tête et courber les ailes

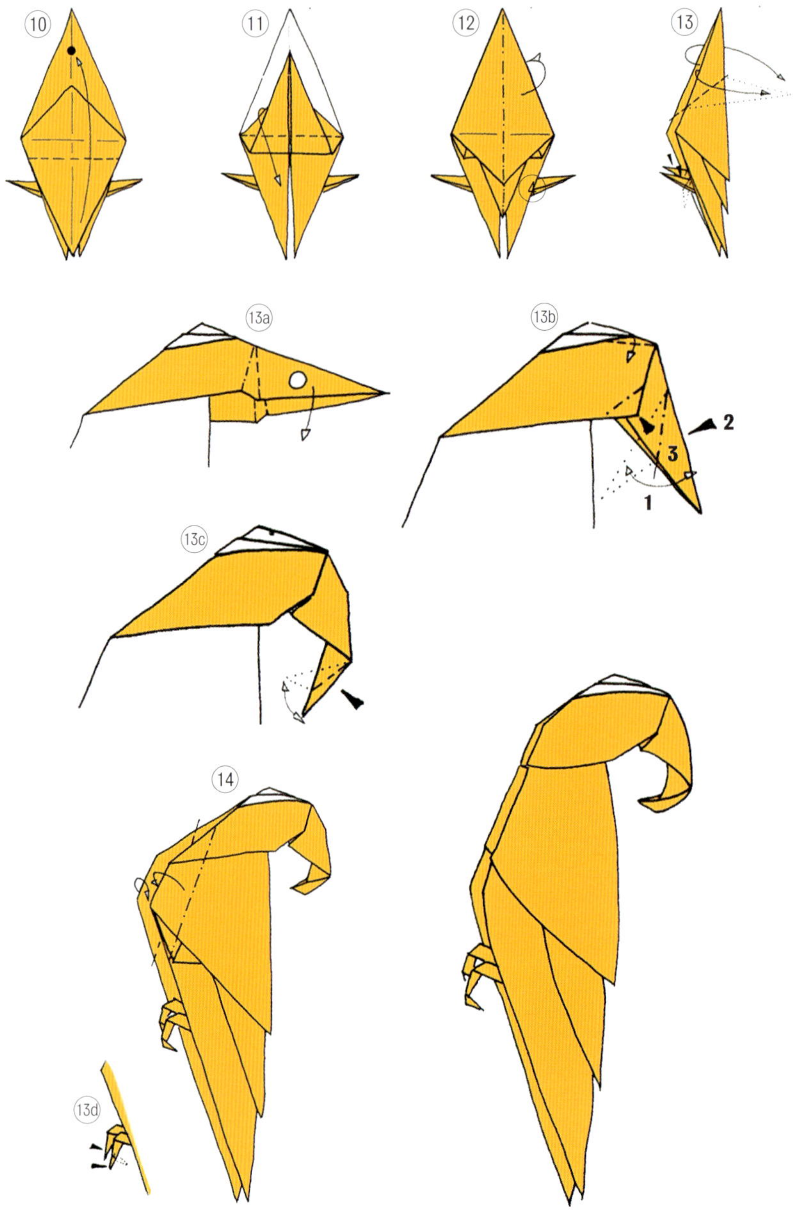

# La sauterelle

Cet insecte, que l'on trouve dans les champs en été, réalise des sauts surprenants en déployant ses longues pattes postérieures.

Papier recommandé :
voir p. 297 et 300

# La sauterelle (suite)

1 **Plier** en deux

2 **Remonter** les côtés sur chaque face en laissant un espace avec le bord supérieur

3 **Replier** en deux les côtés sur chaque face

4 **Découper** sur toutes les épaisseurs une fine tige

5 **Dans chaque tige** se trouve une autre tige que l'on plie vers l'avant aussi loin que possible pour réaliser les antennes

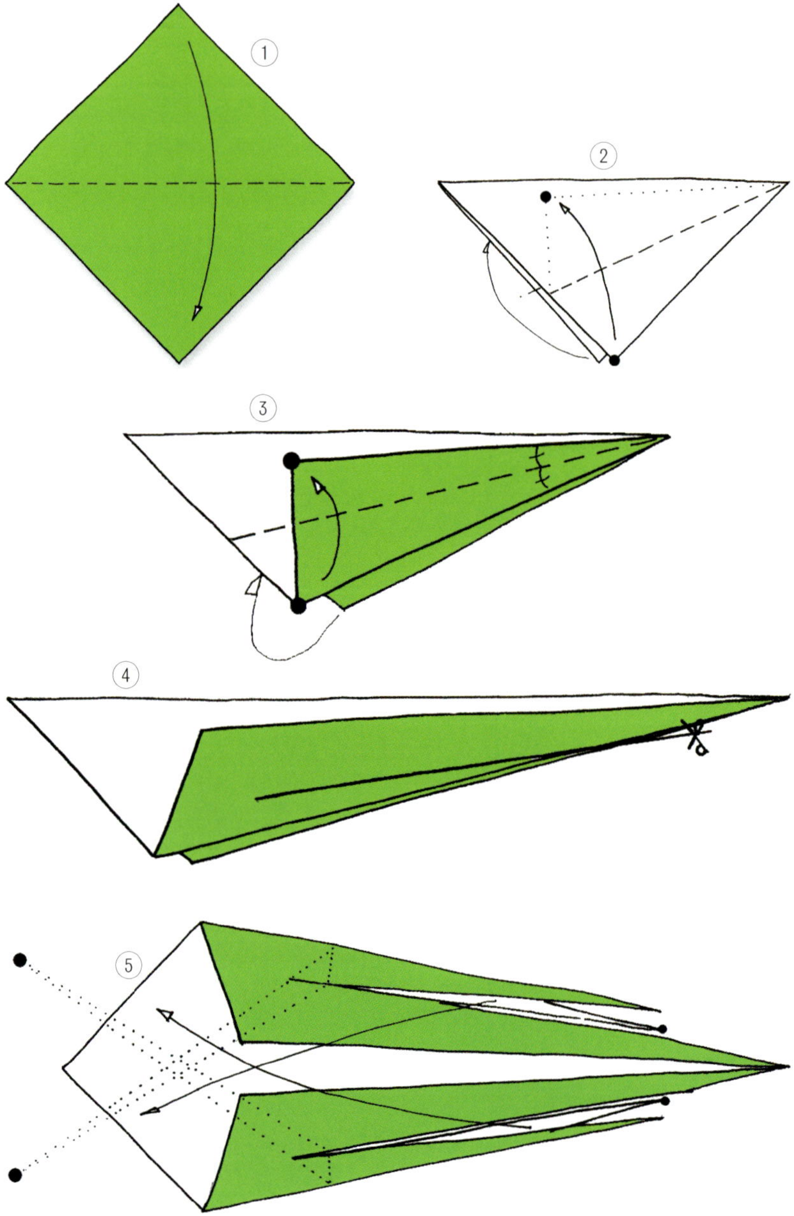

6 **Plier** les deux autres tiges en pli inversé intérieur (voir p. 11) après pré-pliage. Sur la partie gauche, rabattre les côtés vers le centre ; sur la partie arrière droite, faire une série de replis

7 **Plier** l'ensemble en deux

8 **Sur la partie avant gauche,** effectuer un pli inversé en pliant les antennes. Plier les pattes en pli inversé

**Détail de la tête**

8a **Remonter** les antennes et la tête

**Détail des pattes**

8b **Faire** un pli inversé aux extrémités des pattes

**Pour finir,** modeler le corps en l'arrondissant

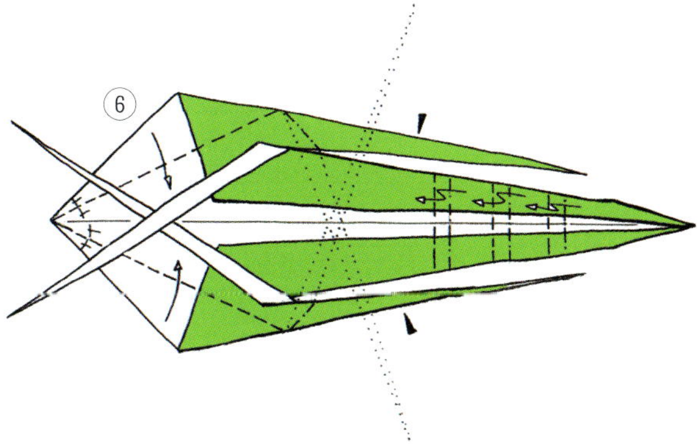


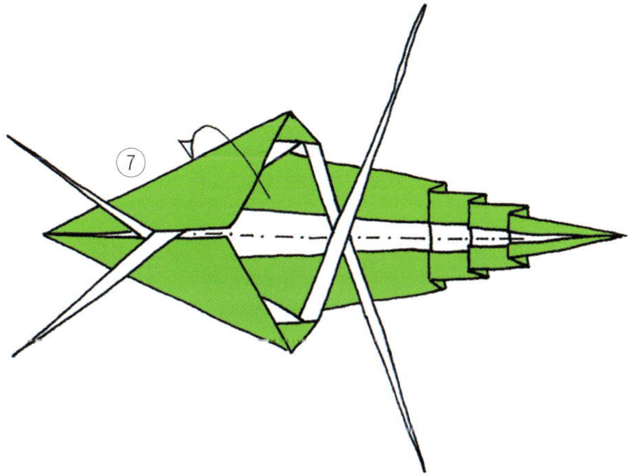


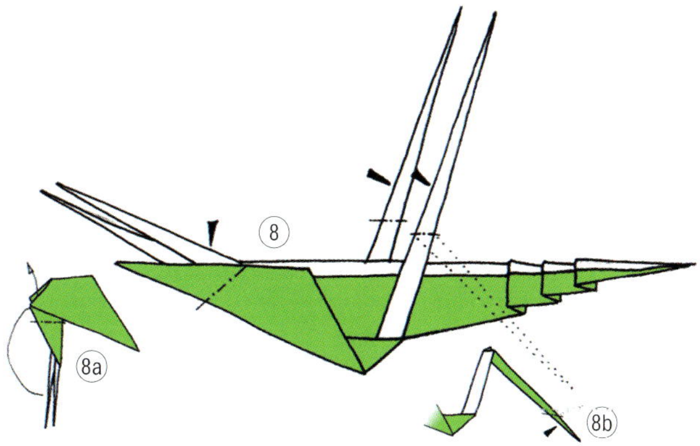

# La colombe

Cet oiseau blanc, symbole de paix, peut être suspendu en fixant à chacune de ses ailes un fil de pêche. En en suspendant plusieurs, créez une belle envolée.

Papier recommandé :
voir p. 301 et 304

1 **Prendre** la moitié d'un carré, faire un pré-pliage en rabattant les côtés sur le pli vertical central (**1**), puis marquer les plis de la base en joignant les points (**2**)

2 **Pour** marquer ce pli, rabattre chaque pointe sur le côté opposé en joignant les points situés sur une horizontale

2a **Comme** ceci puis déplier

3 **Inverser** les plis précédents puis joindre les points

4 **Rabattre** les pointes sur une horizontale en mettant à plat les plis de l'intérieur

5 **Marquer** le pli de la pointe supérieure puis ouvrir cette pointe

**Détails de l'arrière**

5a **Rentrer** la pointe en inversant les plis puis retourner le pliage

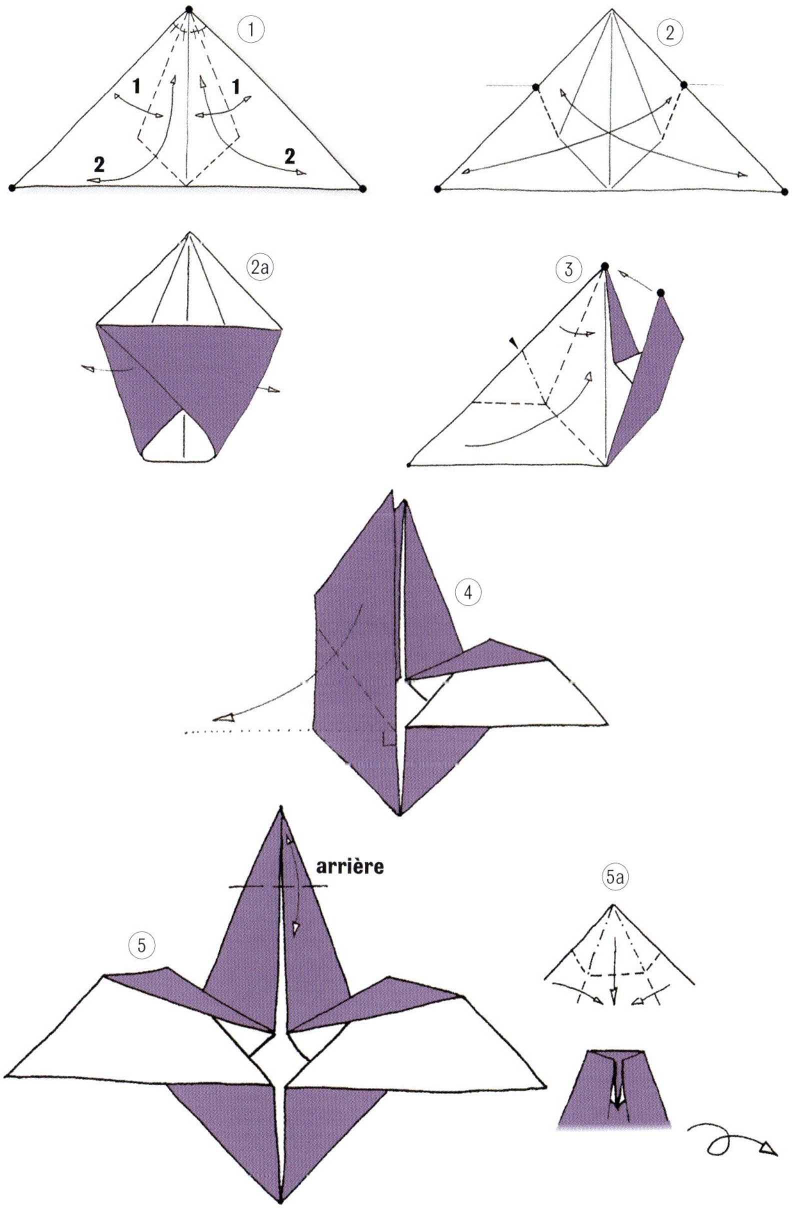

# La colombe (suite)

6 **Plier** les côtés inférieurs (**1**) puis les côtés supérieurs pour affiner le corps (**2**)

7 **Plier** en deux

8 **Á l'avant** et à l'arrière, effectuer un pli inversé extérieur (voir p. 11)

9 **Faire** un repli à la pointe de la tête. Pour galber les ailes, effectuer une série de replis

**Détails**

9a **Á l'avant,** rentrer le coin en pli inversé

9b **Á l'arrière,** faire apparaître un triangle en appuyant au centre pour donner du volume

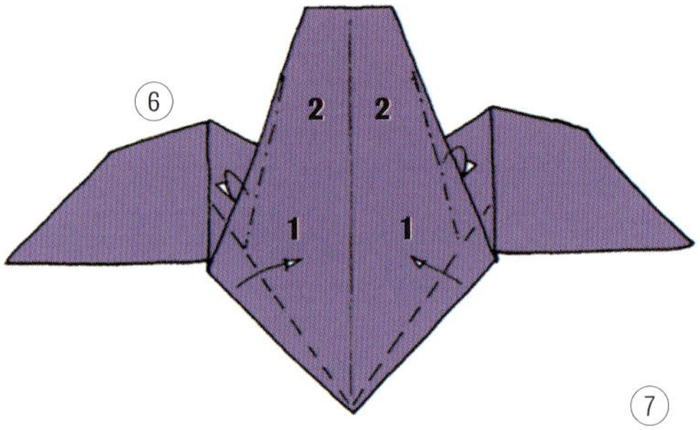


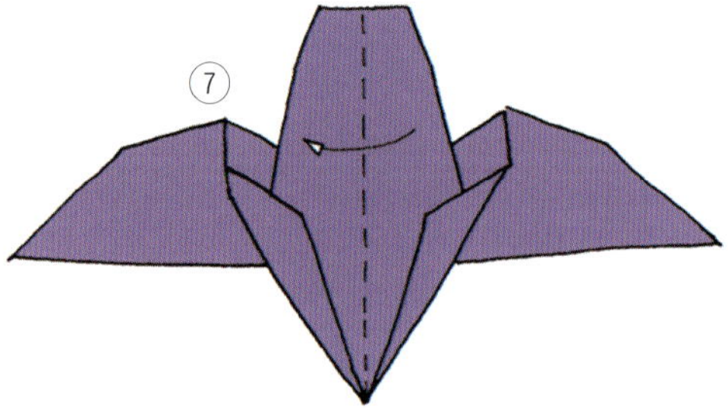


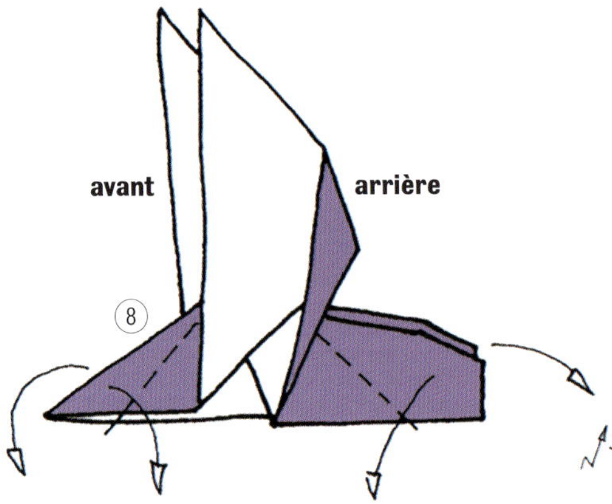


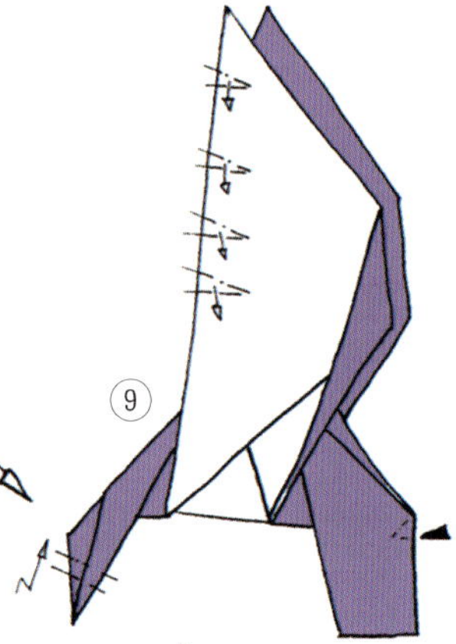


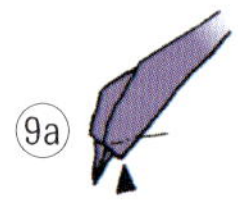


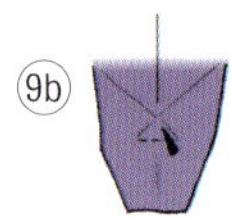

# L’oiseau

L’oiseau présenté est prêt à s’envoler. Vous pouvez aussi réaliser un oiseau au repos, qui rappelle les moineaux que l’on retrouve au bord des fenêtres.

Papier recommandé :
voir p. 305 et 30

# L’oiseau (suite)

1 **Réaliser** la base de l’oiseau (voir p. 14) et rabattre les deux côtés

2 **Tourner** un feuillet sur chaque face

3 **Replier** chaque pointe à l’horizontale, en pli inversé

**Oiseau au repos**

4 **Commencer** par les pattes : réduire les pointes en les pliant en deux (**1**) puis effectuer un pli inversé pour chacune d’elles (**2**). Continuer à plier les pattes en suivant les étapes 4a et 4b. Couper ensuite la pointe du dessus en deux, rabattre les deux parties vers le bas (**3**). Plier l’ensemble en deux, vers l’arrière, selon le pli central (**4**)

**Détails**

4a **Faire** un repli en remontant les pointes

4b **Comme** ceci

5 **Replier** les ailes vers l’arrière (**1**). Replier la pointe des pattes (voir p. 15). Effectuer un pli inversé pour la tête (**2**)

5a **Détail des ailes**

**Replier** les ailes vers le bas

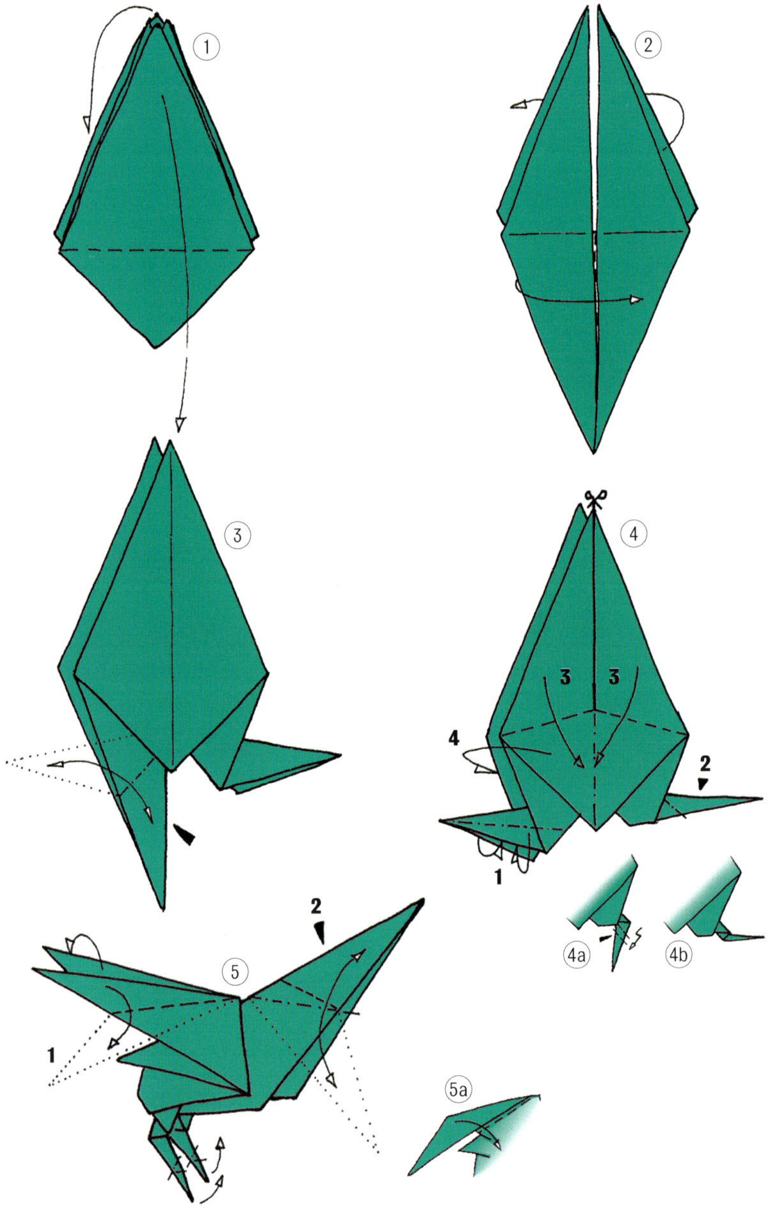

**Détails de la tête**

**5b** **Remonter** la pointe en pli inversé

**5c** **Rabattre** la pointe vers le bas en ouvrant les côtés

**5d** **Tenir** sur le point entre le pouce et l'index puis basculer la pointe vers le bas

**5e** **Effectuer** un repli pour le bec en pli inversé (voir p. 15)

**5f** **Affiner** la pointe du bec en pliant les côtés dessous

**Oiseau en vol**

**4** **Pour** réaliser l'oiseau avec les ailes déployées, couper la première pointe en deux puis plier les ailes (**1**). Replier derrière selon l'axe vertical (**2**)

**Détails**

**4a** **Ouvrir** chaque pointe (**1**) et la remonter à la verticale (**2**)

**4b** **Rabattre** un côté

**4c** **Rentrer** la base puis effectuer une série de replis pour courber les ailes

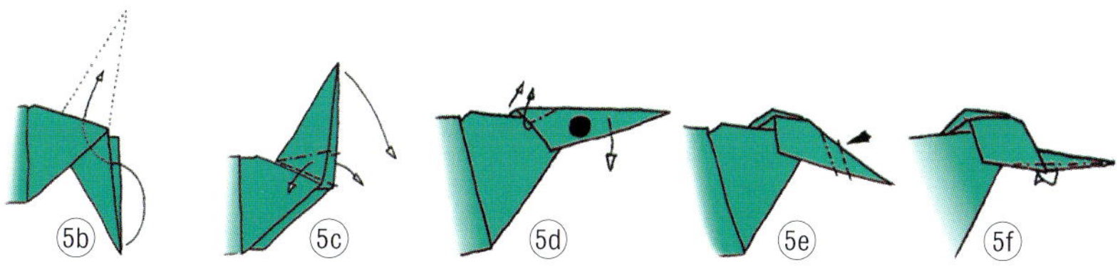


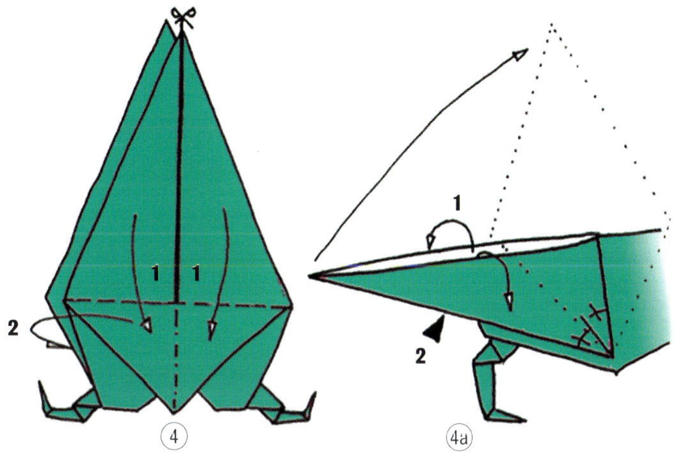


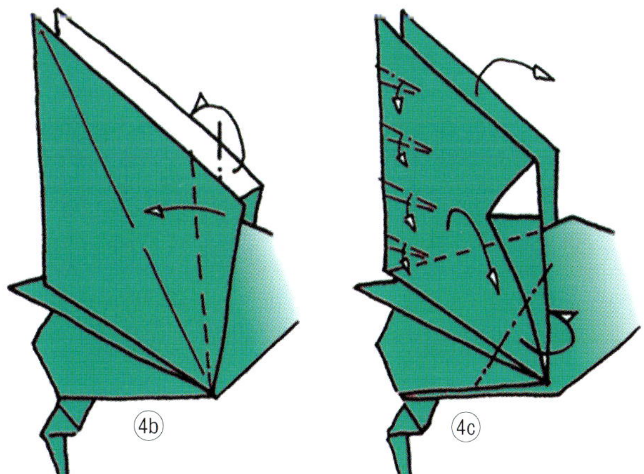

# La poule

Une petite poule qui s'est glissée dans une parure carreaux rouges, qui peut aussi rappeler une ambiance de cuisine traditionnelle...

Papier recommandé :
voir p. 309 et 312

1 **Partir** de la base du poisson, rabattre les deux côtés inférieurs du losange le long du pli central ; marquer le pli. Replier les deux petits rabats le long du pli central ; marquer le pli. Ouvrir en pliant en deux les côtés inférieurs et en remontant les pointes vers l'extérieur

2 **Réduire** la largeur des pointes latérales en les repliant en deux

3 **Basculer** les pointes latérales vers l'arrière et vers le bas autour de l'axe du pointillé (**1**). Marquer les deux plis horizontaux (**2**)

3a **Plier** en deux les pointes

3b **Ouvrir** la pointe latérale supérieure (**1**) en la basculant au centre (**2**)

3c **Marquer** le pli horizontal

4 **Marquer** les plis horizontaux en plis montagne et les autres plis du triangle en plis vallée, puis retourner

5 **Remonter** les deux extrémités le long des plis horizontaux (**1**) en mettant en forme, en plis montagne, les deux autres côtés des triangles. Plier ensuite en deux, derrière, le long du pli central (**2**)

6 **Effectuer** une série de replis pour la queue. Pour la tête, effectuer un pli inversé après un pré-pliage

6a **Remonter** la pointe de la même façon

6b **Baisser** la pointe pour faire apparaître le bec et la crête

6c **Comme** ceci

6d **Faire** un pli inversé pour les pattes

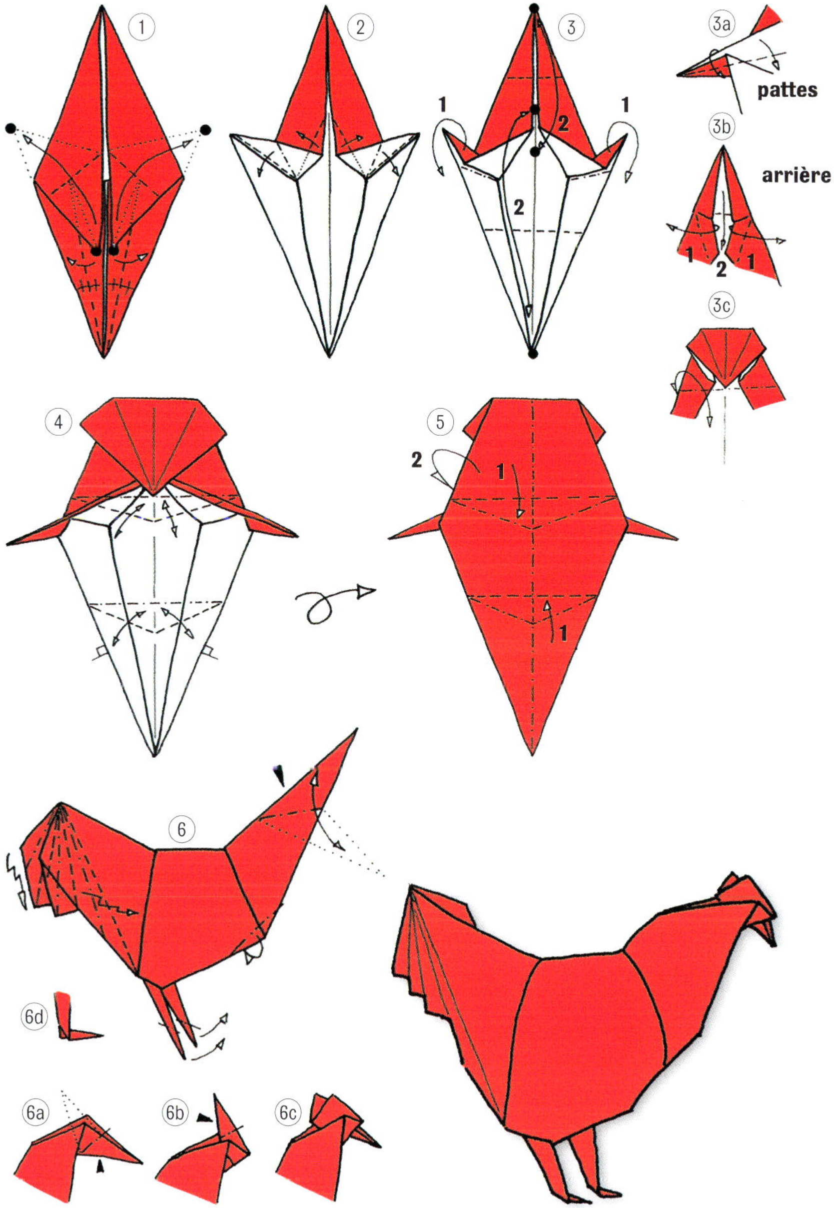

# Le poussin

Qui est arrivé le premier, l'œuf ou la poule ? Une réflexion vieille comme le monde à méditer en pliant un poussin tout juste sorti de sa coquille...

Papier recommandé :
voir p. 313 et 316

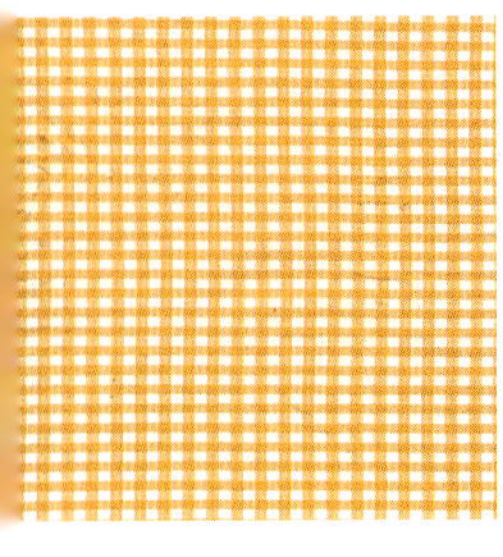

1 **Plier** le carré en deux

2 **Plier** vers la droite

3 **Plier** la pointe supérieure vers la gauche

4 **Remonter** la pointe vers le haut

5 **Déplier** la pointe

6 **Effectuer** un repli de part et d'autre

7 **Rabattre** les pointes de chaque côté en joignant les points. Pour réaliser le bec, effectuer un repli après pré-pliage

7a **Rentrer** le triangle en pli inversé sur chaque face

8 **Diviser** l'angle en deux puis effectuer un pli inversé sur les deux faces

9 **Après pré-pliage** (**1**), replier les pointes entre les épaisseurs (**2**) pour les remettre à la même place

**Détail de l'arrière**

10 **Bloquer** l'arrière en repliant le triangle à l'intérieur

10a **Rentrer** l'arrière par un pli inversé. Pour les pattes, effectuer un repli

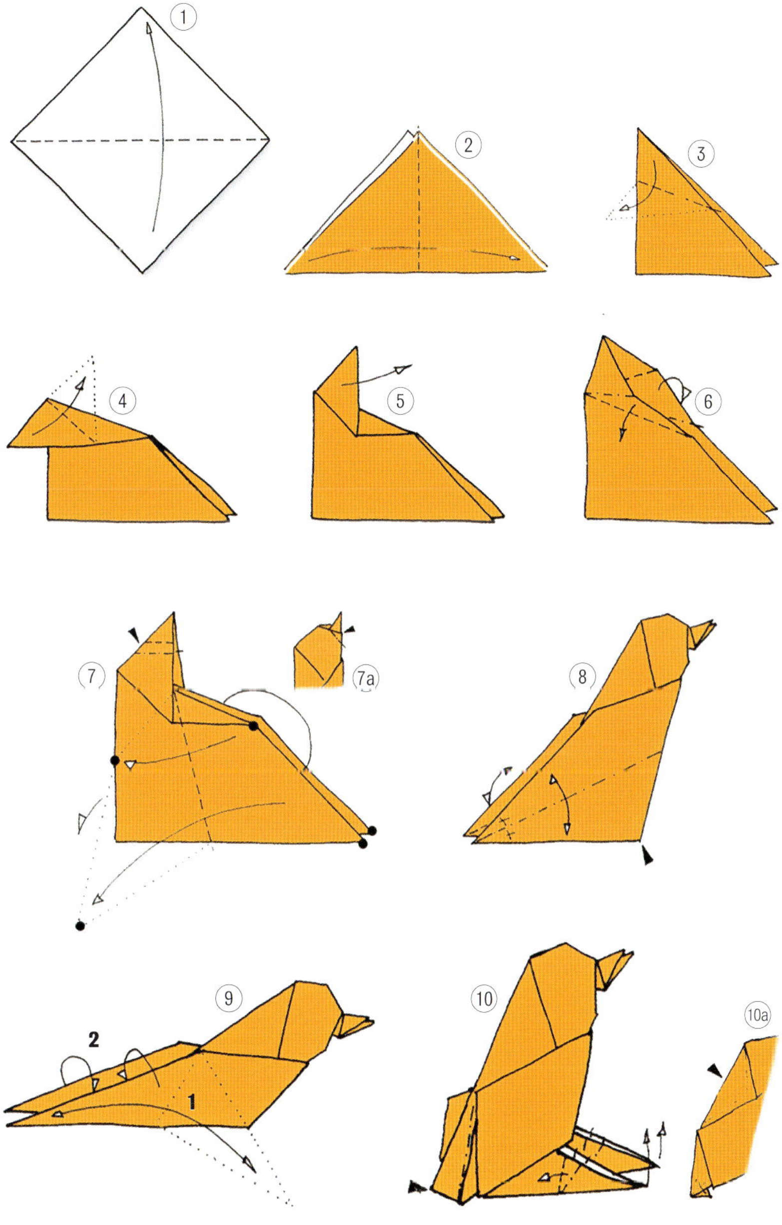

# Le héron

Pour que ce héron au long bec et au plumage étonnant tienne bien debout, glisser entre les plis de ses pattes un petit fil de fer.

Papier recommandé :
voir p. 317 et 320

1 **Réaliser** la base de l'oiseau (voir p. 14) et tourner un feuillet vers la droite

2 **Remonter** toute la pointe à l'horizontale en rabattant le côté vers la gauche

3 **Tourner** maintenant le feuillet vers la gauche

4 **Remonter** de la même manière la pointe à l'horizontale en rabattant l'ensemble vers la droite

5 **Plier** les côtés d'angle à angle

6 **Remonter** la pointe

7 **Plier** les côtés le long de la verticale puis retourner

8 **Replier** les côtés le long du pli central

9 **Plier** les côtés de la pointe en pinçant le papier à la base des ailes puis sous le corps

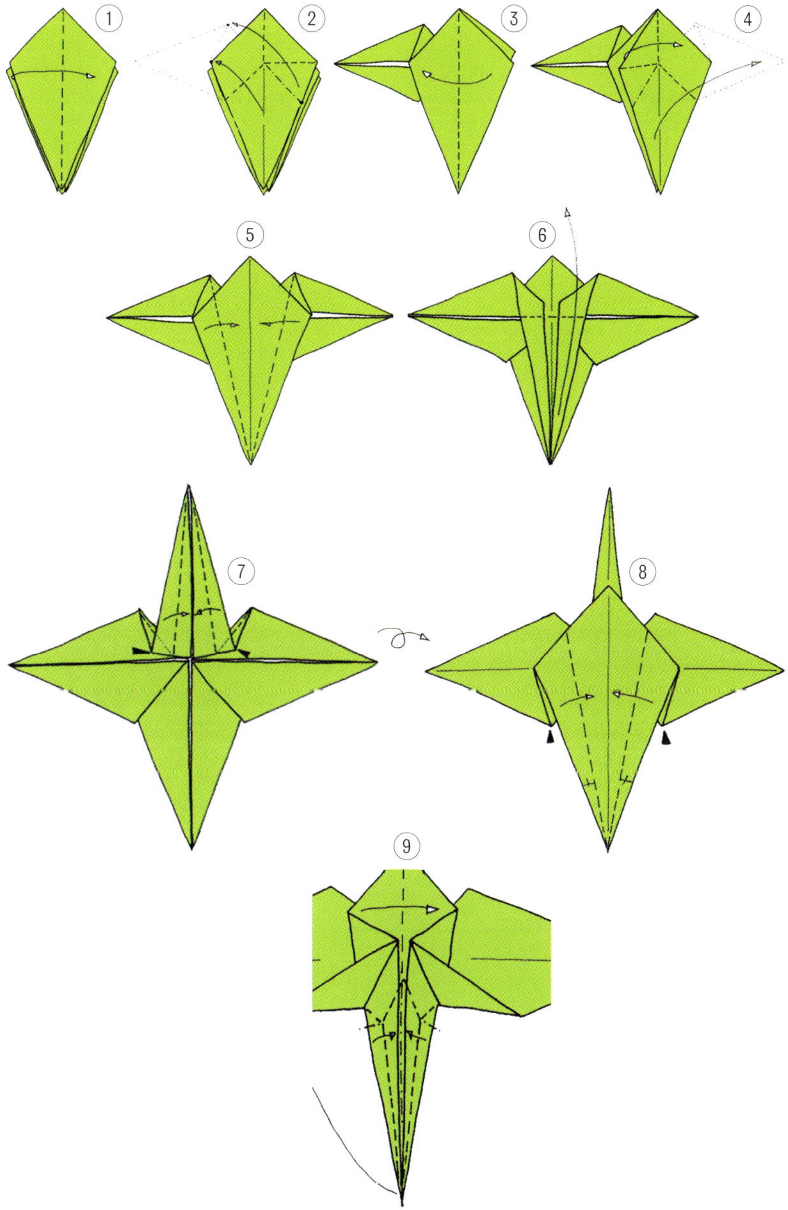

# Le héron (suite)

**10** **Pour réaliser** la tête sur la pointe droite, repérer la proportion du pliage. Pour réaliser les pattes, couper en deux le long du trait fort puis rabattre les pointes de chaque côté

### Détails de la tête

**10a** **Ouvrir** la pointe de la tête et rabattre le triangle supérieur (**1**). Plier les côtés au centre puis pincer à la base de la tête pour placer les replis à plat (**2**)

**10b** **Pour réaliser** la huppe, couper une fine languette de chaque côté puis faire un repli pour le bec

**10c** **Rentrer** en pli inversé le coin sur chaque face

### Détails des pattes

**11** **Marquer** les deux plis au milieu de la patte puis effectuer les plis inversés en ouvrant. Pour l'extrémité des pattes replier à l'horizontale (voir p. 15)

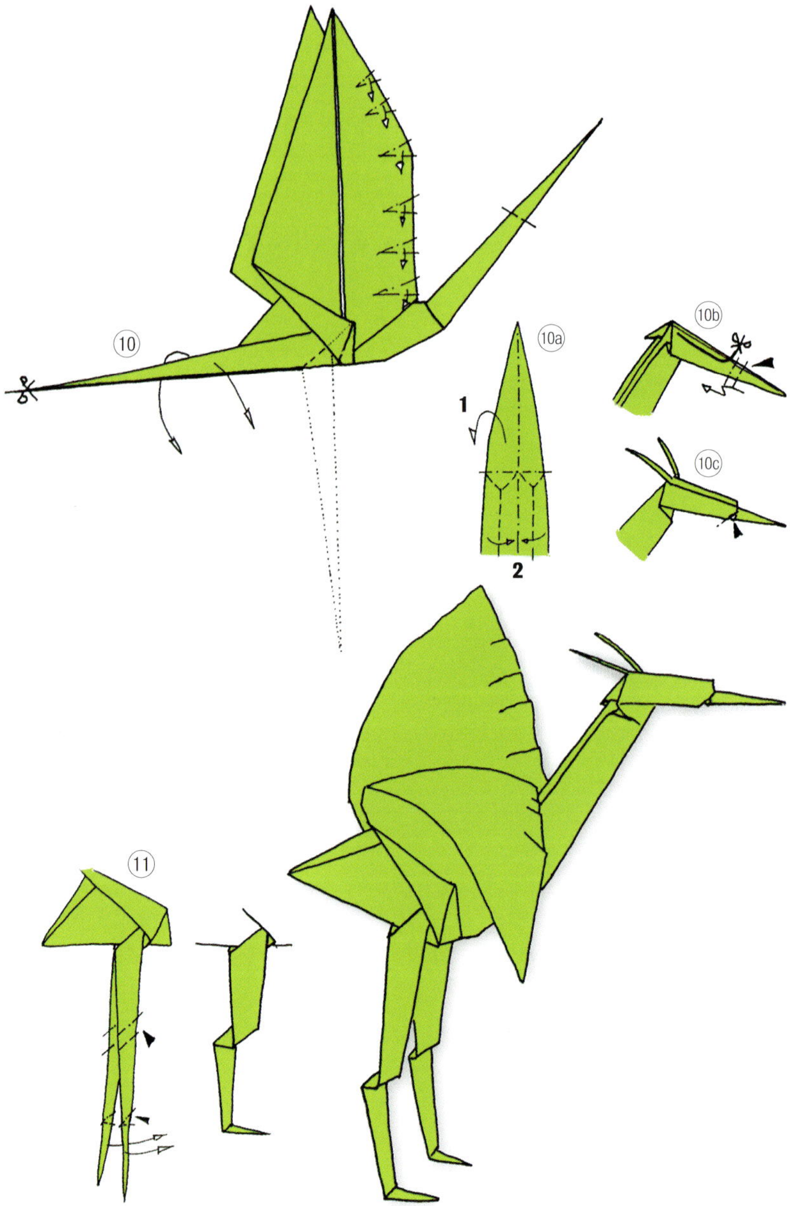

# L'aigle

Cet aigle aux ailes déployées peut tenir entre ses serres un petit objet ou rester en équilibre sur une branche.

Papier recommandé :
voir p. 321 et 324

# L'aigle (suite)

1 **Après avoir réalisé** la base de la bombe à eau (voir p.12) rabattre une pointe sur chaque face le long du pli central puis déplier

2 **Effectuer** un pli aplati en ouvrant le triangle en deux sur les deux faces

3 **Marquer** les plis en rabattant les côtés sur le pli central puis rentrer les côtés en plis inversés

4 **Remonter** la pointe jusqu'en haut en aplatissant l'ensemble puis retourner

5 **Rabattre** le long du pli central

6 **Plier** en joignant les points

7 **Rabattre** le haut des ailes puis glisser les replis entre les épaisseurs du triangle central

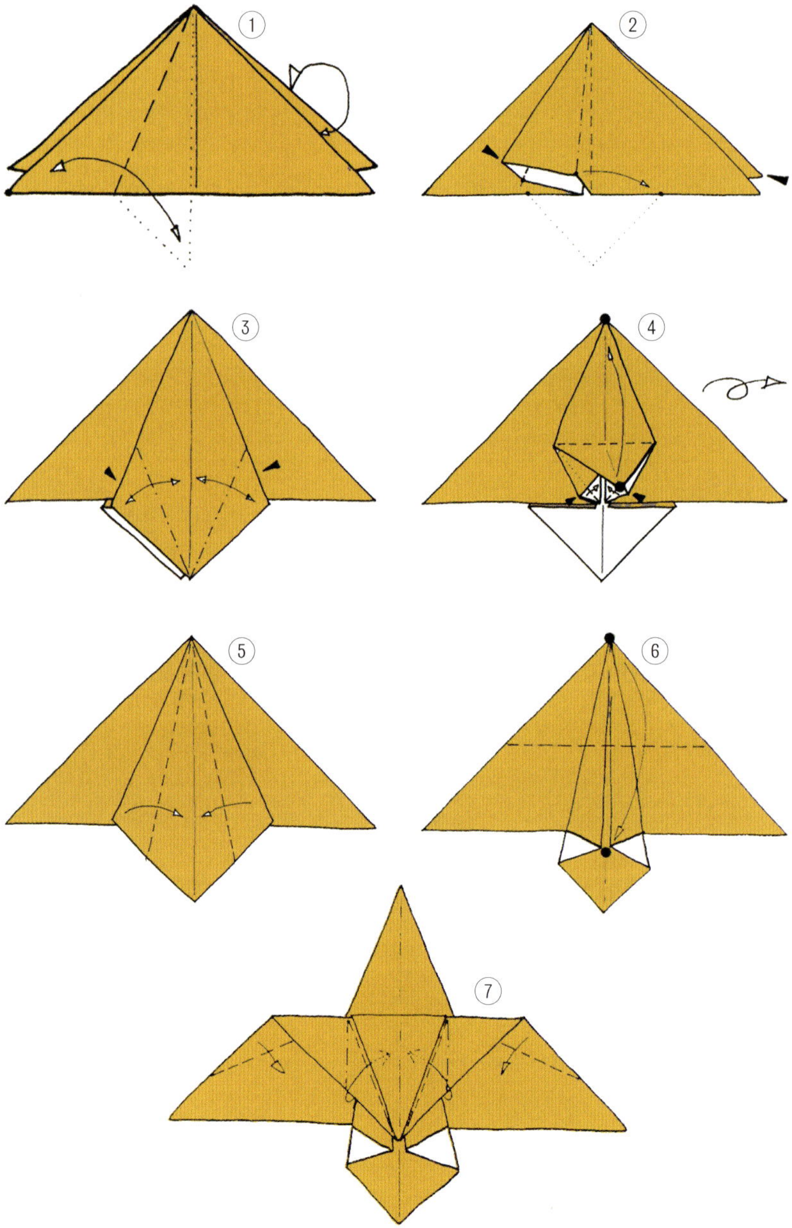

**8 Pour réaliser** les pattes, découper le long du trait fort toutes les épaisseurs du triangle. Pour réaliser la tête, rabattre la pointe supérieure vers le bas

**Détails de la tête**

**8a Remonter** la pointe (**1**) puis la basculer derrière par un repli (**2**)

**8b Plier** les côtés puis retourner

**8c Remonter** le triangle pour former le bec

**8d Marquer** les plis comme indiqué puis retourner

**8e Effectuer** un repli en mettant en volume

**8f Pour bloquer** le repli, rentrer le triangle entre les épaisseurs

**9 Rabattre** les côtés supérieurs dessous, replier le surplus situé sur les ailes et plier l'ensemble en deux

**10 Ouvrir** l'arrière et mettre en forme par deux plis. Replier les pattes par l'intérieur puis finir le bec crochu par un pli inversé intérieur (voir p. 11)

**11 Glisser** l'index ou un petit bout de bois entre les pattes de l'aigle

**Le voilà prêt** à prendre son envol

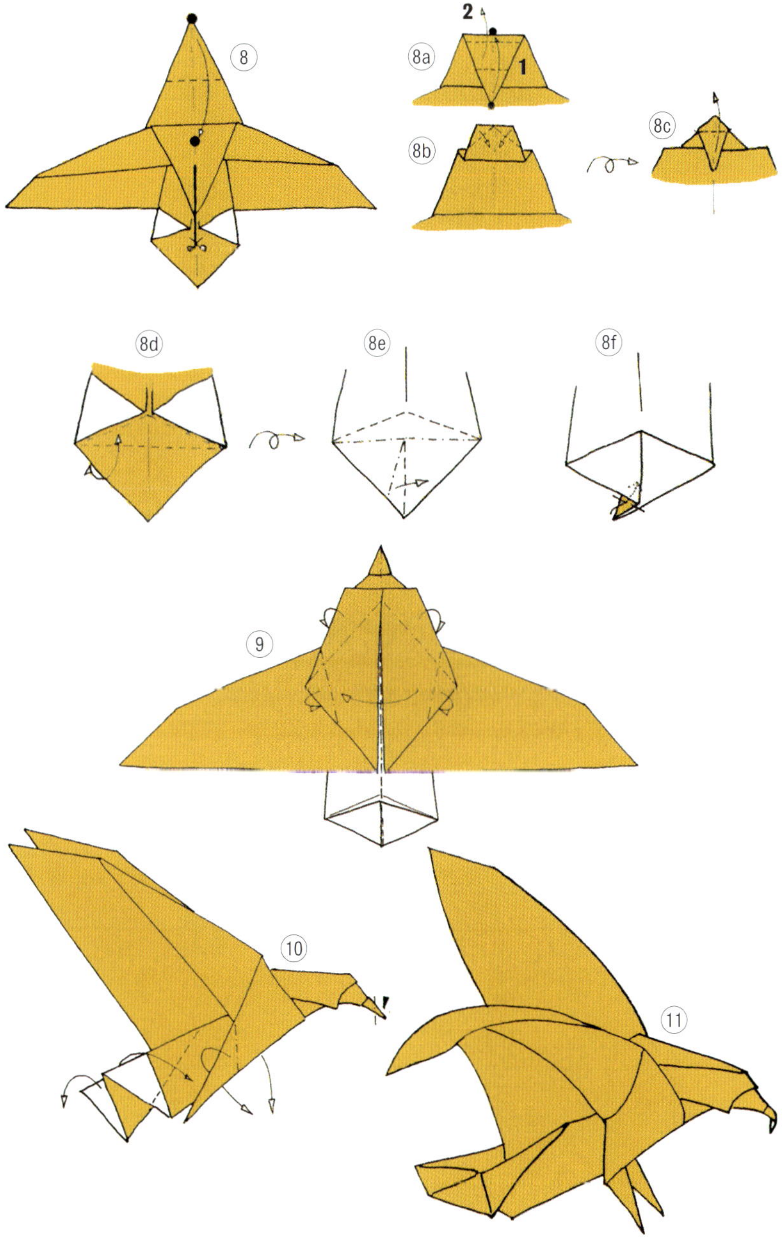

# Les papiers

Dans les pages suivantes, retrouvez les papiers qui ont servi à réaliser les pliages présentés dans cet ouvrage.
Des papiers différents sont également disponibles pour vous permettre de laisser libre cours à votre imagination et vous faire découvrir la richesse d'expression des pliages.

**Papier recommandé pour la tortue** : voir schémas et explications p. 20

Panier recommandé pour la tortue : voir schémas et explications p. 20

**Papier recommandé pour le phoque** : voir schémas et explications p 22

**Panier recommandé pour le phoque** : voir schémas et explications p. 22

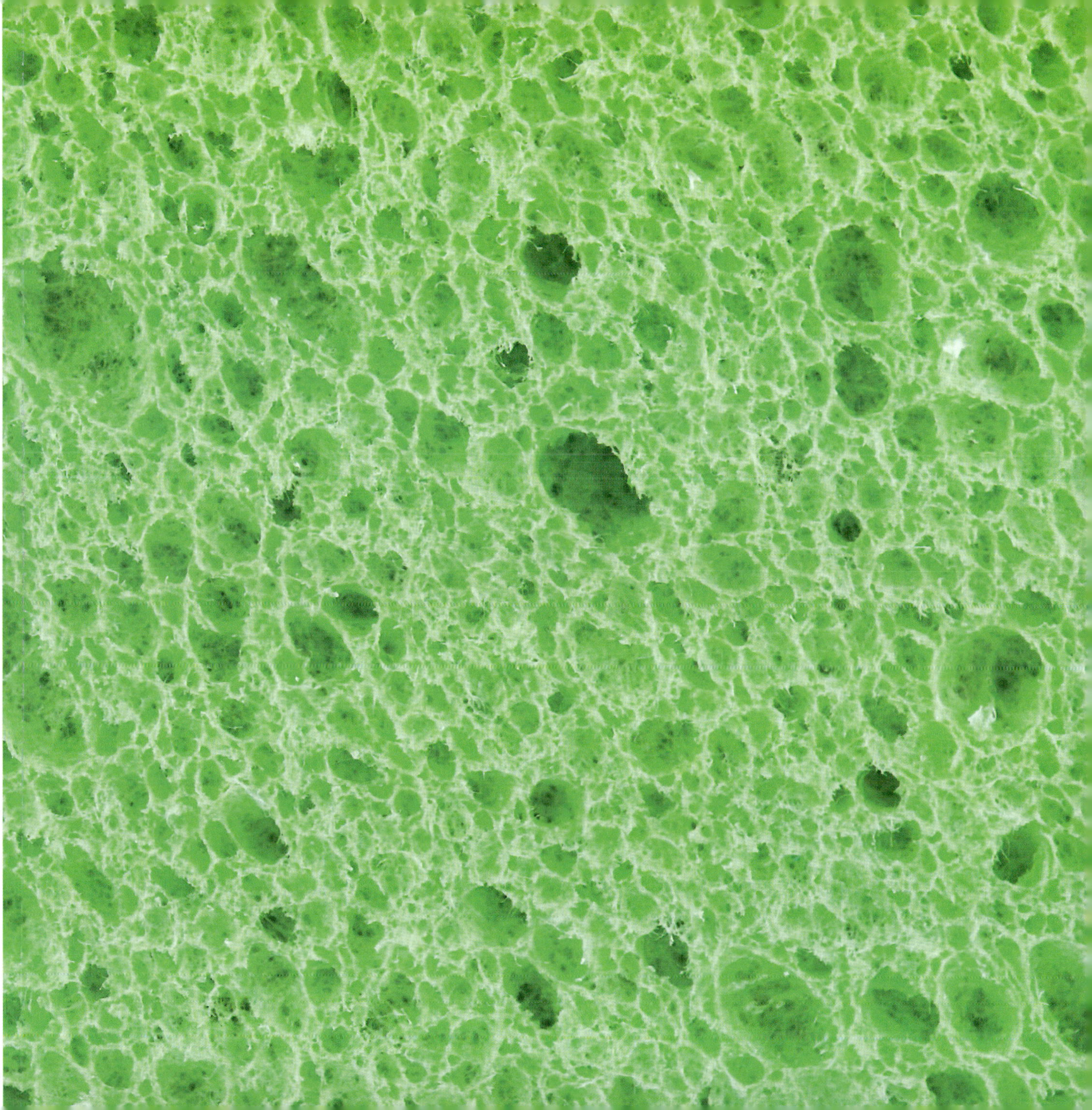

**Papier recommandé pour la grenouille** : voir schemas et explications p.24

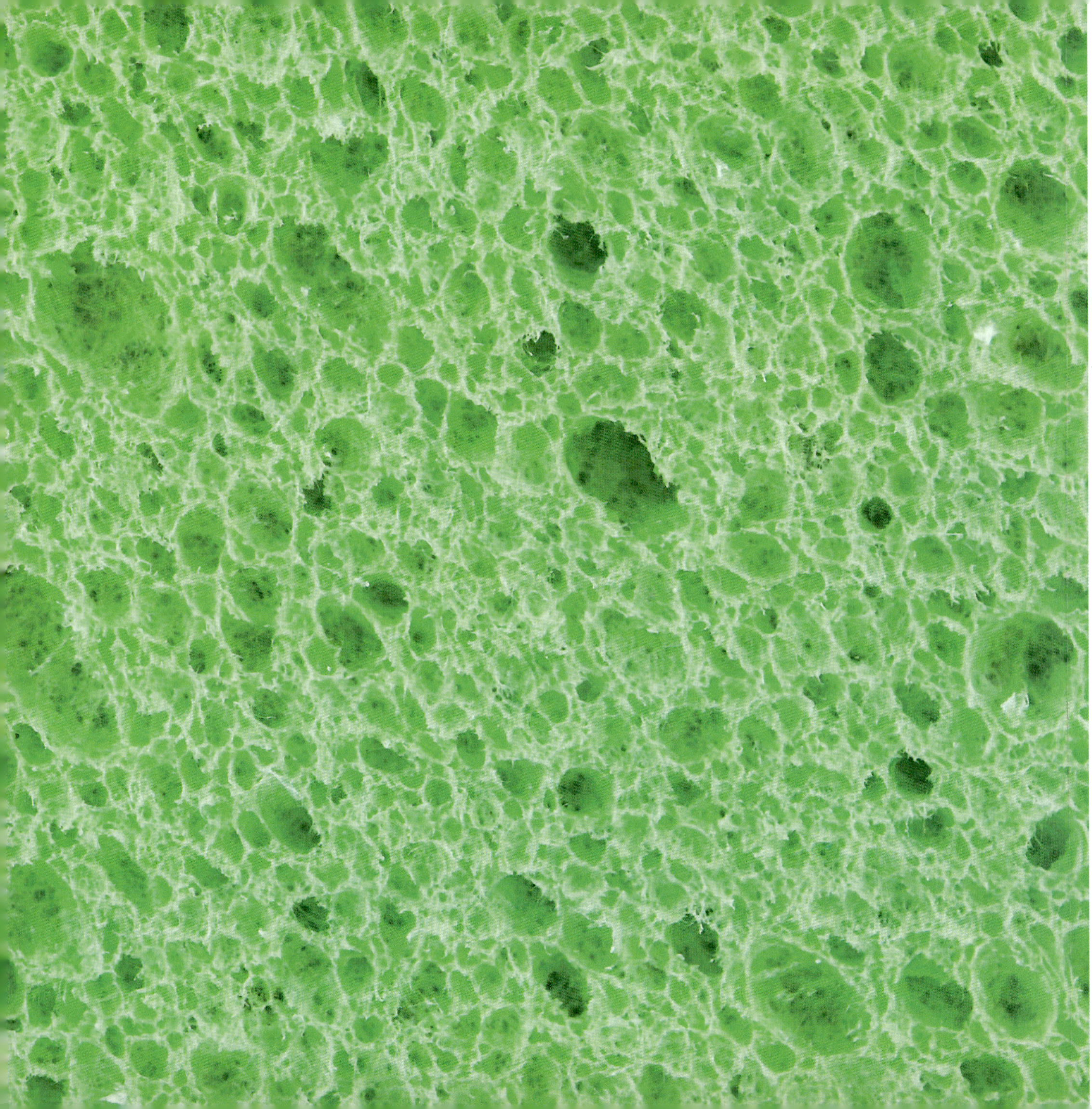

**Panier recommandé pour la grenouille** · voir schémas et explications p 24

**Papier recommandé pour la panthère :** voir schémas et explications p. 26

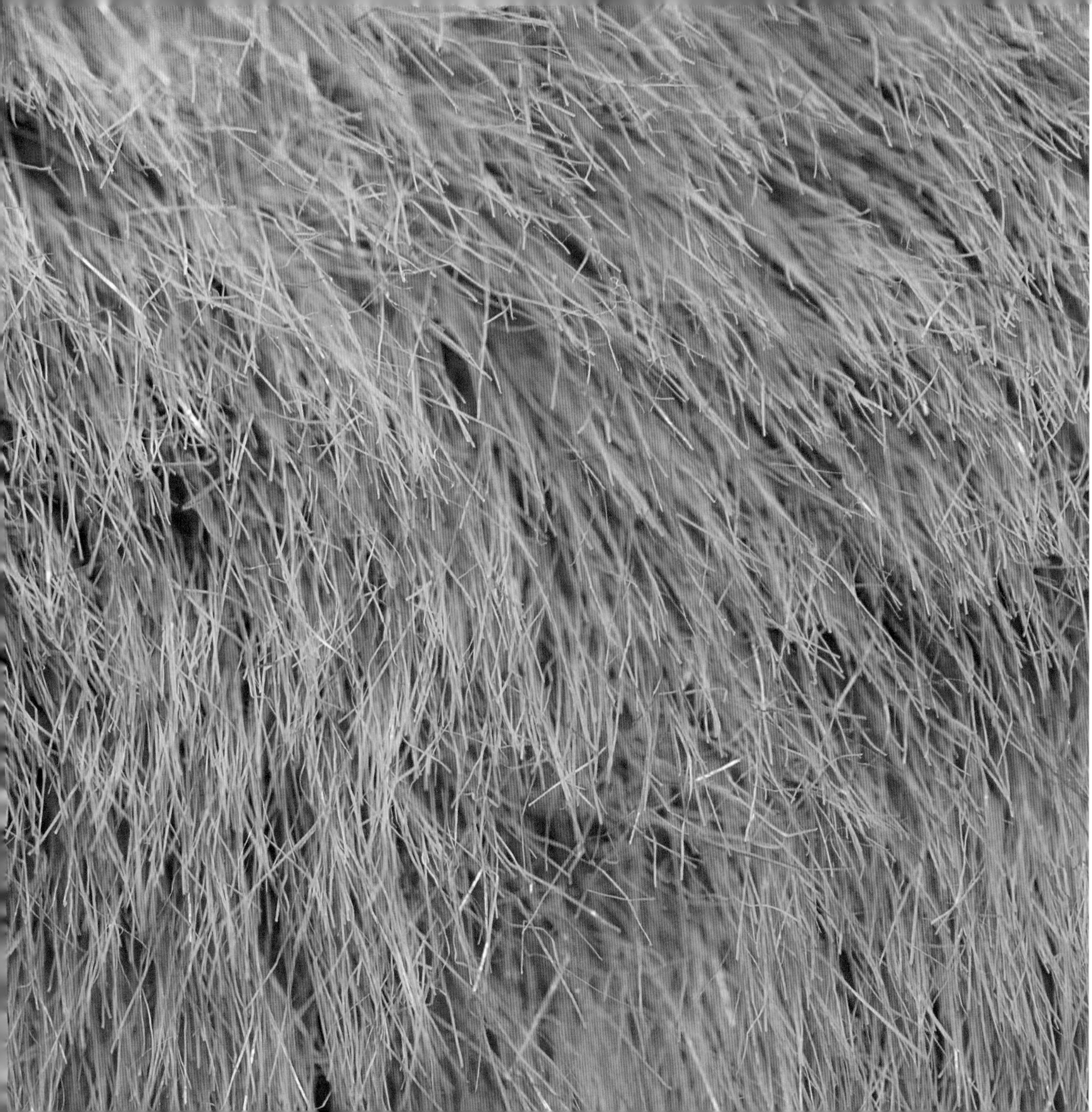

**Papier recommandé pour la panthère :** voir schémas et explications p. 26

**Papier recommande pour le poisson** : voir schemas et explications p. 28

**Panier recommandé pour le poisson :** voir schémas et explications p. 28

**Papier recommandé pour la souris** : voir schémas et explications p. 51

**Panier recommandé pour la souris** : voir schémas et explications p. 31

**Papier recommandé pour le lapin :** voir schémas et explications p. 54

**Panier recommandé pour le lapin** : voir schémas et explications p. 34

Papier recommandé pour la girafe : voir schémas et explications p. 56

Papier recommandé pour la girafe : voir schémas et explications p. 36

Papier recommandé pour le chevalet : voir schémas et explications p. 39

**Panier recommandé pour le cheval** : voir schémas et explications p. 39

**Papier recommandé pour l'éléphant :** voir schémas et explications p. 42

**Papier recommandé pour l'éléphant** : voir schémas et explications p. 42

Papier recommandé pour le chat : voir schémas et explications p. 44

**Panier recommandé pour le chat** : voir schémas et explications p. 44

**Papier recommandé pour le chat :** voir schémas et explications p. 44

**Papier recommandé pour le chat** : voir schémas et explications p. 44

**Papier recommandé pour le manchot :** voir schémas et explications p. 47

**Panier recommandé pour le manchot** : voir schémas et explications p 47

**Papier recommandé pour le crabe** : voir schemas et explications p. 50

**Panier recommandé pour le crabe** : voir schémas et explications p. 50

**Papier recommandé pour le tableau :** voir schémas et explications p. 55

**Papier recommandé pour le taureau** : voir schémas et explications p. 53

**Papier recommandé pour le taureau** : voir schémas et explications p. 63

**Panier recommandé pour le singe** : voir schémas et explications p. 56

Papier recommandé pour le singe : voir schémas et explications p. 90

Papier recommandé pour le singe : voir schémas et explications p. 56

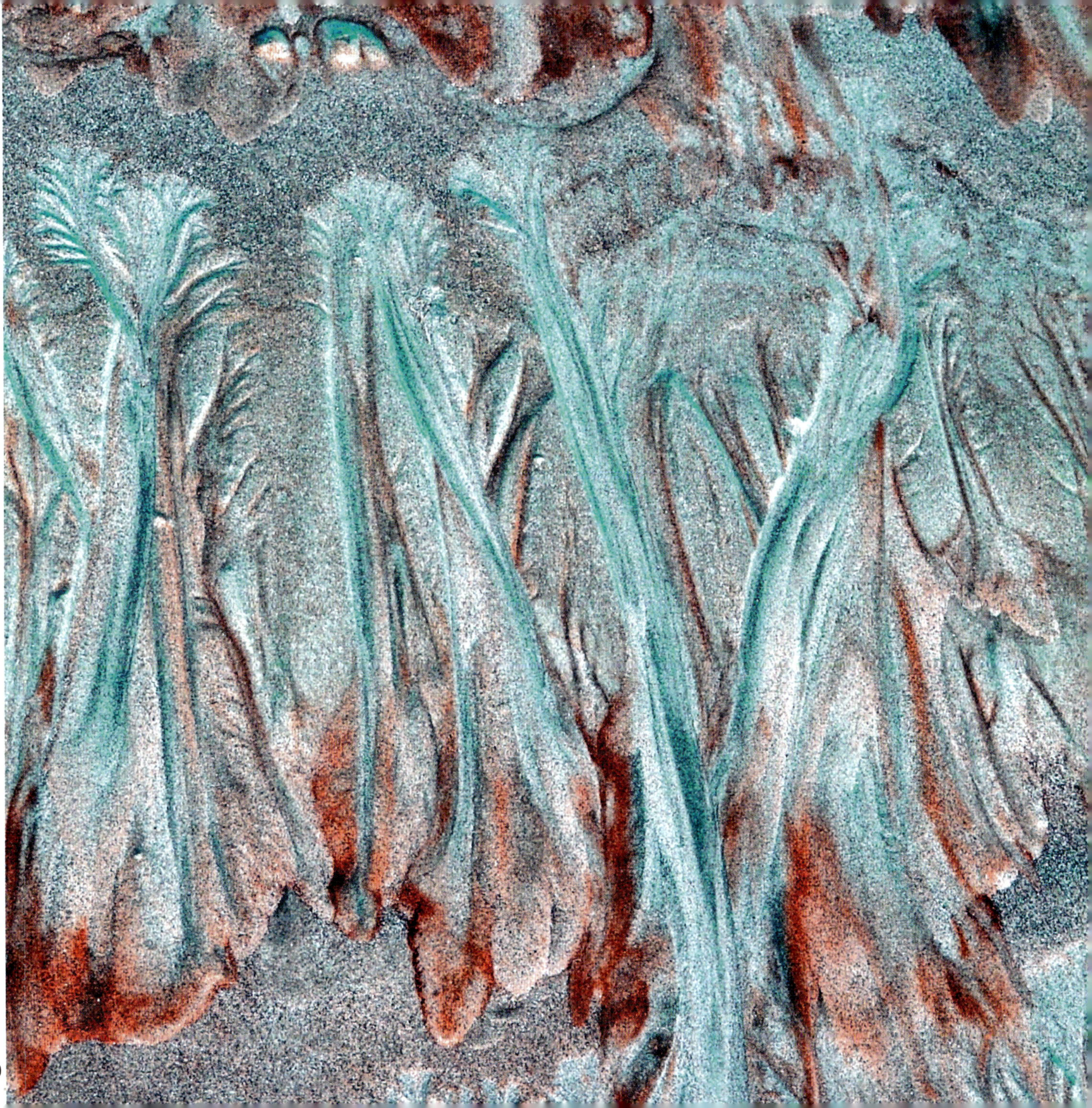

Papier recommandé pour sans escale : voir schémas et explications p. 82

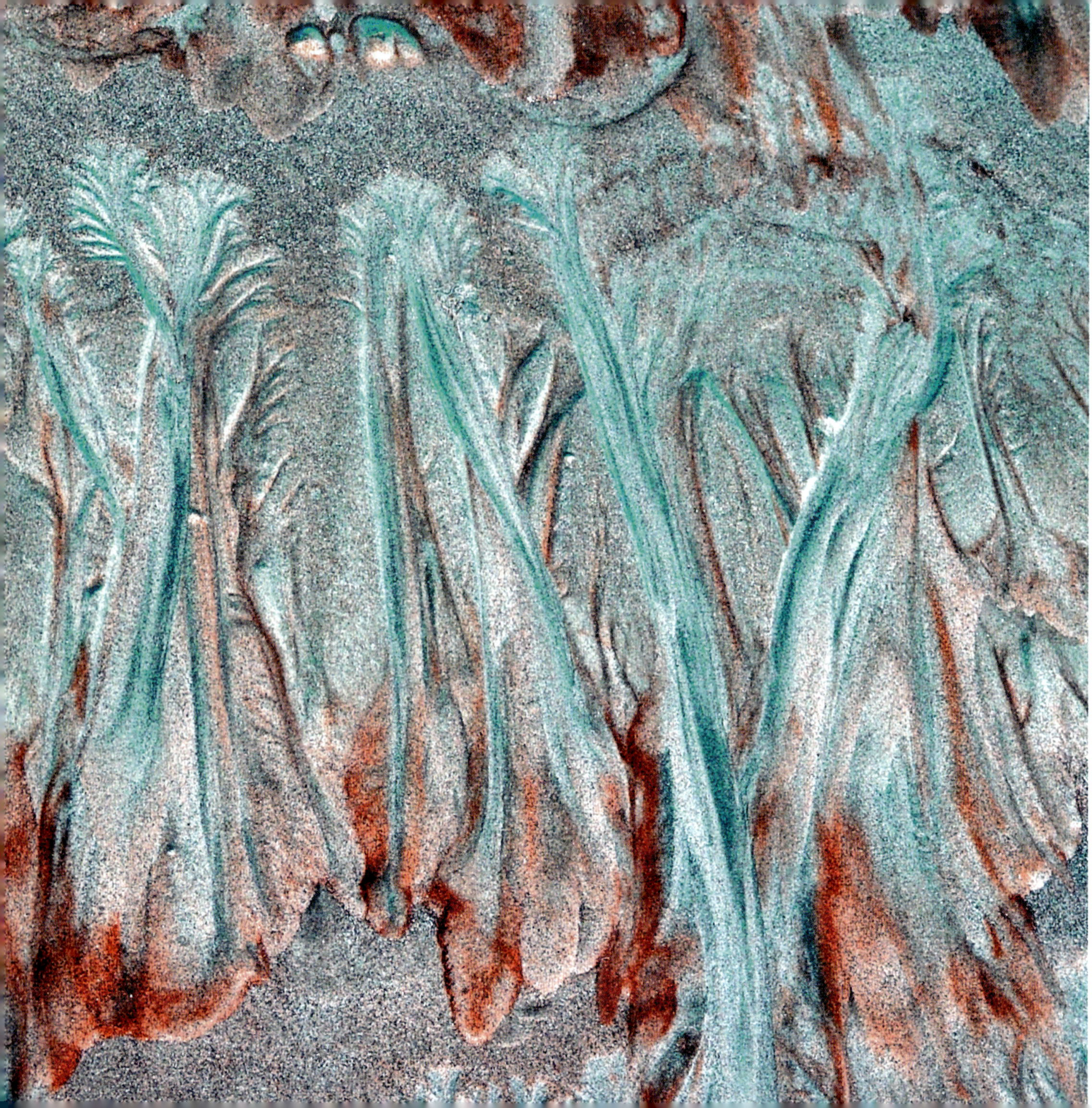

Panier recommandé pour Sans egale : voir schémas et explications p. 69

**Papier recommandé pour Décollage immédiat** : voir schémas et explications p. 64

**Papier recommandé pour Survol** : voir schémas et explications p. 66

**Panier recommandé pour Atterrissage** : voir schémas et explications p. 68

**Papier recommandé pour En coup de vent :** voir schémas et explications p. 70

**Panier recommandé pour En coup de vent** : voir schémas et explications p 70

**Papier recommandé pour la balle :** voir schémas et explications p. 72

**Panier recommandé pour la halle** : voir schémas et explications p. 72

**Papier recommandé pour la bûche :** voir schémas et explications p. 74

**Panier recommandé pour la bouche** : voir schémas et explications p. 74

Papier recommandé pour la boîte du carré : voir schémas et explications p.76

**Papier recommandé pour la boîte au carré :** voir schémas et explications p. 76

**Papier recommandé pour le récipient :** voir schémas et explications p. 73

**Papier recommandé pour le récipient** : voir schémas et explications p. 78

Papier recommandé pour la coupelle : voir schémas et explications p.[illegible]

Papier recommandé pour la souvelle : voir schémas et explications p. 90

Papier recommandé pour le moulin à vent : voir schémas et explications p.62

**Papier recommandé pour le moulin à vent** · voir schémas et explications p. 82

**Papier recommandé pour le frisbee** : voir schémas et explications p. 84

**Papier recommandé pour le frisbee** : voir schémas et explications p.84

**Papier recommandé pour le frisbee** : voir schémas et explications p. 84

**Papier recommandé pour le frisbee :** voir schémas et explications p. 84

Papier recommandé pour le frisbee : voir schémas et explications p. 64

2

**Panier recommandé pour le frisbee** : voir schémas et explications p. 84

**Papier recommandé pour le tissage** : voir schémas et explications p. 64

Papier recommandé pour le froissage : voir schémas et explications p. 94

**Papier recommandé pour le frisbee :** voir schémas et explications p. 84

Papier recommandé pour le frisbee · voir schémas et explications p. 84

**Papier recommandé pour le frisbee** : voir schémas et explications p. 64

Papier recommandé pour le frisbee : voir schémas et explications p. 84

**Papier recommandé pour le frisbee** : voir schémas et explications p. 34

**Panier recommandé pour le frisbee** : voir schémas et explications p. 84

**Papier recommandé pour Escadrille :** voir schémas et explications p. 86

**Papier recommandé pour Escadrille :** voir schémas et explications p. 86

**Papier recommandé pour Escadrille** : voir schémas et explications p. 86

**Papier recommandé pour Escadrille :** voir schémas et explications p. 86

Papier recommandé pour le marque-page : voir schémas et explications p. 88

Papier recommandé pour le marque-page · voir schémas et explications p. 88

**Papier recommandé pour le cadre photo** : voir schémas et explications p. 90

**Panier recommandé pour le cadre photo** : voir schémas et explications p. 90

Papier recommandé pour le cadre photo : voir schémas et explications p. 30

**Papier recommandé pour le cadre photo** : voir schémas et explications p. 90

Papier recommandé pour la chouette : voir schémas et explications p.34

**Papier recommandé pour la chouette** : voir schémas et explications p. 94

**Papier recommandé pour le papillon :** voir schémas et explications p. 96

Papier recommandé pour le papillon : voir schémas et explications p. 96

**Papier recommandé pour le perroquet :** voir schemas et explications p. 98

**Papier recommandé pour le perroquet :** voir schémas et explications p. 98

Papier recommandé pour la sauterelle : voir schémas et explications p. 101

**Papier recommandé pour la sauterelle** : voir schémas et explications p. 101

**Papier recommandé pour la colombe :** voir schémas et explications p. 104

**Panier recommandé pour la colombe** : voir schémas et explications p. 104

**Papier recommandé pour l'oiseau** : voir schémas et explications p. 107

**Papier recommandé pour l'oiseau** : voir schémas et explications p. 107

**Papier recommandé pour la poule** : voir schémas et explications p. 110

**Papier recommandé pour la poule :** voir schémas et explications p. 110

**Papier recommandé pour le poussin** : voir schémas et explications p. 112

**Panier recommandé pour le poussin** : voir schémas et explications p. 112

**Papier recommandé pour le héron** : voir schémas et explications p. 114

**Panier recommandé pour le héron** · voir schémas et explications p. 114

**Papier recommandé pour l'aigle :** voir schémas et explications p. 117

**Papier recommandé pour l'aigle** : voir schémas et explications p. 117

Papier supplémentaire, laissez libre cours à votre création...

Papier supplémentaire, laissez libre cours à votre création...

Papier supplémentaire, laissez libre cours à votre création...

Papier supplémentaire, laissez libre cours à votre création

Papier supplementaire, aissez libre cours a votre creation...

Papier supplémentaire, laissez libre cours à votre création...

Panier supplémentaire, laissez libre cours à votre création

Papier supplémentaire, laissez libre cours à votre création...